My first book of
Southern African
Wildlife

Published by Struik Nature
(an imprint of Penguin Random House South Africa (Pty) Ltd)
Reg. No. 1953/000441/07
The Estuaries No. 4, Oxbow Crescent, Century Avenue, Century City, 7441
PO Box 1144, Cape Town 8000, South Africa

Visit **www.penguinrandomhouse.co.za** and join the Struik Nature Club
for updates, news, events and special offers.

For more information on the mobile apps based on the *My First Book of* series, visit
http://www.youngexplorerapp.com

Originally published in separate volumes as part of the *My first book of* series:
Southern African Birds (2006), *Southern African Snakes and other Reptiles* (2007)
and *Southern African Mammals* (2008).

This combined edition first published in 2009

10 9 8

Publisher: Pippa Parker
Managing editor: Helen de Villiers
Editor: Colette Alves
Designers: Louise Topping, Martin Endemann
Illustrators: Jennifer Schaum, Sally MacLarty

Reproduction by Hirt & Carter Cape (Pty) Ltd
Printed and bound in China by Golden Prosperity
Printing & Packaging (Heyuan) Co., Ltd.

ISBN 978 1 77007 857 4

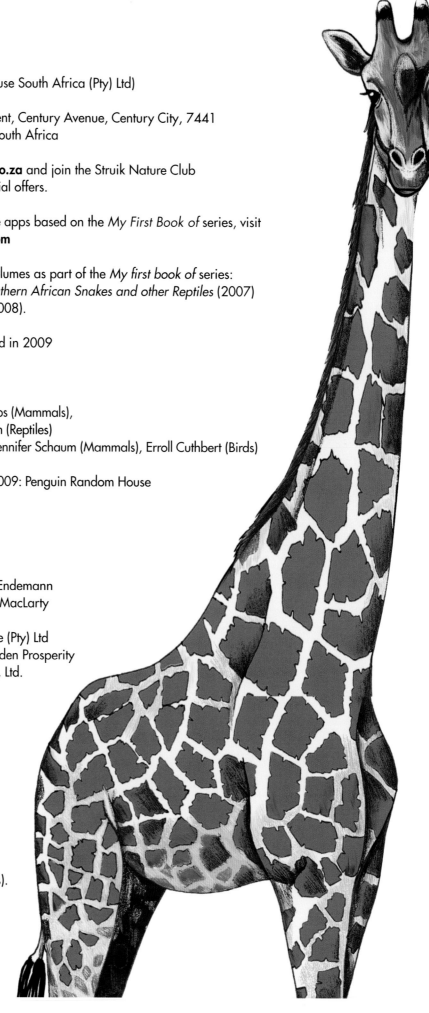

Contents Inhoud Okuqukethwe Iziqulatho

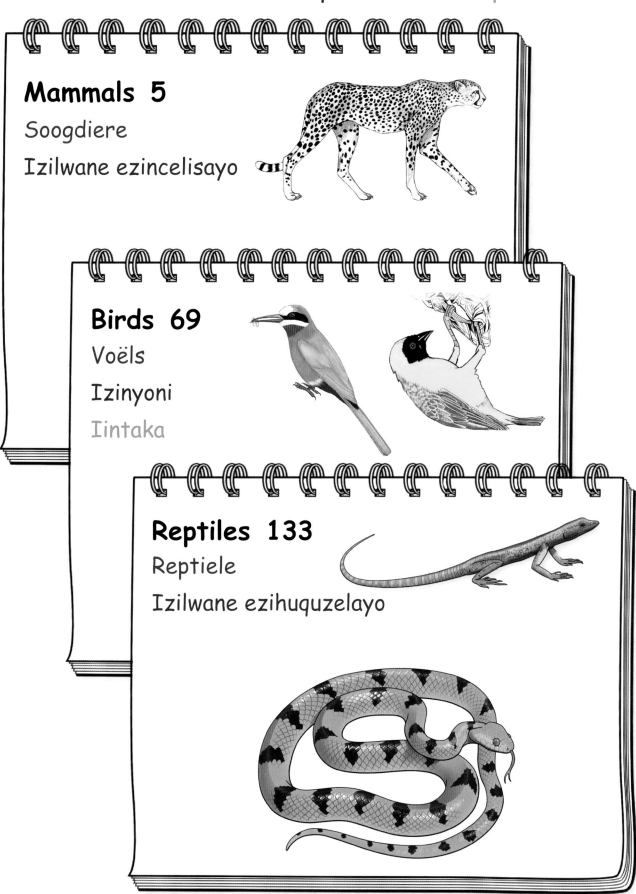

Mammals

Soogdiere

Izilwane ezincelisayo

Izilwanyana ezanyisayo

Mammals are animals with hair, whose mothers feed them with milk when they are babies. There are 356 different kinds of mammal in southern Africa, ranging in size from whales and elephants to mice and shrews. Here, you will discover some mammals that you are likely to see in game reserves, wildlife parks or zoos, and others that are more difficult to find.

Soogdiere is diere met hare wat aan hul ma drink toe hulle babatjies is. Daar is 356 verskillende soorte soogdiere in Suider-Afrika. Hulle wissel in grootte van walvisse en olifante tot muise en skeerbekmuise. Hiér sal jy meer leer van sommige van die soogdiere wat jy moontlik in wildreservate of dieretuine sal sien en ander wat maar baie selde gesien word.

Izilwane ezincelisayo ziyizilwane ezinoboya, ezondliwa ngobisi ngonina lapho zisezincane. Kunezinhlobo ezahlukene ezingama-365 zezilwane ezincelisayo e-Afrika eseningizimu, ezibukhulu bazo busuka kumikhoma nezindlovu bufike emagundaneni nakongoso. Kule ncwadi uzothola izilwane ezincelisayo okungenzeka uzibone eziqiwini zezinyamazane, emapaki ezilwane zasendle noma kumazoo nezinye okunzinyana ukuzithola.

Izilwanyana ezanyisayo zizi-lwanyana ezinoboya, oonina bazo abazondla ngobisi xa zisencinci. Zingama-356 iintlobo zezilwanyana ezanyisayo kumazantsi e-Afrika, kuya ngokobukhulu beminenga neendlovu ukuya kwiimpuka noocwethe. Kule ncwadi, uyakufumana ezinye zezilwanyana ezanyisayo ongazibona kwithanga lezilwanyana, iipaki ezigcina izilwanyana zasendle okanye kwimizi yogcino-zilo, nezinye ekunzima ukuzifumana.

Introduction Inleiding Isingeniso Intshayelelo

Most adult mammals live alone. Some mammals form large herds. Others live in social groups whose members care for one another.

Die meeste volwasse soogdiere leef alleen. Sommige vorm groot troppe. Ander leef in sosiale groepe waar die lede vir mekaar sorg.

Iningi lezilwane ezincelisayo ezindala lihlala lodwa. Ezinye zona zakha imihlambi emikhulu. Kanti ezinye ziba semaqenjini ahlalisanayo lapho amalungu enakekelana khona.

Uninzi lwezilwanyana ezanyisayo ezidala zihlala zodwa. Ezinye izilwanyana ezanyisayo ziyila imihlambi emikhulu. Ezinye ziphila kumaqela athanda ukuhlala kunye apho amalungu akhathalelanayo.

Different mammals eat meat, fish, insects, spiders, reptiles, fruit, leaves, grass, roots and honey. Some mammals eat plants, and have blunt teeth to grind their food; other mammals eat meat and have sharp, pointed teeth to catch, kill and cut up their prey.

Soogdiere eet vleis, vis, insekte, spinnekoppe, reptiele, vrugte, blare, gras, wortels of heuning. Soogdiere wat plante eet, het stomp tande om die kos te maal; soogdiere wat vleis eet, het skerp tande om hul prooi dood te byt en stukkend te skeur.

Izilwane ezehlukene ezincelisayo zidla inyama, izinhlanzi, izinambuzane, izicabucabu, izilwane ezihuqu-zelayo, izithelo, amacembe, utshani, izimpande noju. Ezinye zazo zidla izimila futhi zinamazinyo abuthuntu okugaya ukudla kwazo; kanti ezinye ezincelisayo zidla inyama futhi zinamazinyo abukhali acijile okubamba, abulale bese esika lokho okudliwayo.

Izilwanyana ezanyisayo ezahlukeneyo zitya inyama, intlanzi, izinambuzane, izigcawu, izilwanyana ezinegazi elibandayo ezirhubuluzayo, iziqhamo, amagqabi, ingca,iingcambu nobusi. Ezinye izilwanyana ezanyisayo zitya izityalo, kwaye zinamazinyo abuthuntu okucola ukutya kwazo; ezinye izilwanyana ezanyisayo zitya inyama, kwaye zinamazinyo abukhali atsolo okubamba, ukubulala nokunqunqa amaxhoba azo.

Clues to identifying mammals

Leidrade om soogdiere uit te ken Izindlela zokubona izilwane ezincelisayo Umkhondo ekwalatheni izilwanyana ezanyisayo

What colour is it?

Watter kleur is dit?

Ngabe simbala muni?

Ngumbala onjani?

Is it plain or does it have patterns?

Is dit net een kleur of het dit patrone?

Ngabe awunalutho noma unamaphethini?

Ingaba siqhelekile okanye ingaba sinemifuziselo?

Does it have hair, fur or bare skin?

Het dit hare, 'n pels of net 'n kaal vel?

Ngabe sinezinwele, uboya noma isikhumba esingenalutho?

Ingaba sinenwele, uboya okanye isikhumba esingenanto?

Does it have horns and what shape are they?

Het dit horings en watter vorm is hulle?

Sinezimpondo yini futhi ngabe zimi kanjani?

Ingaba sinazo iimpondo kwaye injani imilo yazo?

How to use this section

Hoe om hierdie afdeling te gebruik   Sisetshenziswa kanjani lesi sigaba   Lisetyenziswa kanjani eli candela

Each page introduces a new mammal, and tells you something about it.

Elke bladsy stel 'n nuwe soogdier bekend en vertel jou iets daarvan.
Ikhasi ngalinye lethula isilwane esisha esincelisayo bese likutshela okuthize ngaso.
Iphepha ngalinye lazisa isilwanyana esanyisayo, kwaye likuxelela into entsha ngaso.

Short description of the mammal
Kort beskrywing van die soogdier
Incazelo emfushane yesilwane esincelisayo
Isilwanyana esanyisayo

Whether it is male ♂or female ♀?
Of dit 'n mannetjie of wyfie is
Ngabe singesenduna noma esensikazi yini
Ingaba yinkunzi okanye yimazi

Always keep a safe distance from wild animals. Do not try to catch them or pick up any that are sick.

Bly altyd op 'n veilige afstand van wilde diere af. Moenie probeer om hulle te vang of om een op te tel wat siek lyk nie.

Njalo ubohambela kude nezilwane zasendle. Ungazami ukuzibamba noma ukucosha lezo ezigulayo.

Soloko ugcine umgama omde kwizilwanyana zasendle. Musa ukuzama ukuzibamba okanye uziphakamise nazo naziphina ezigulayo.

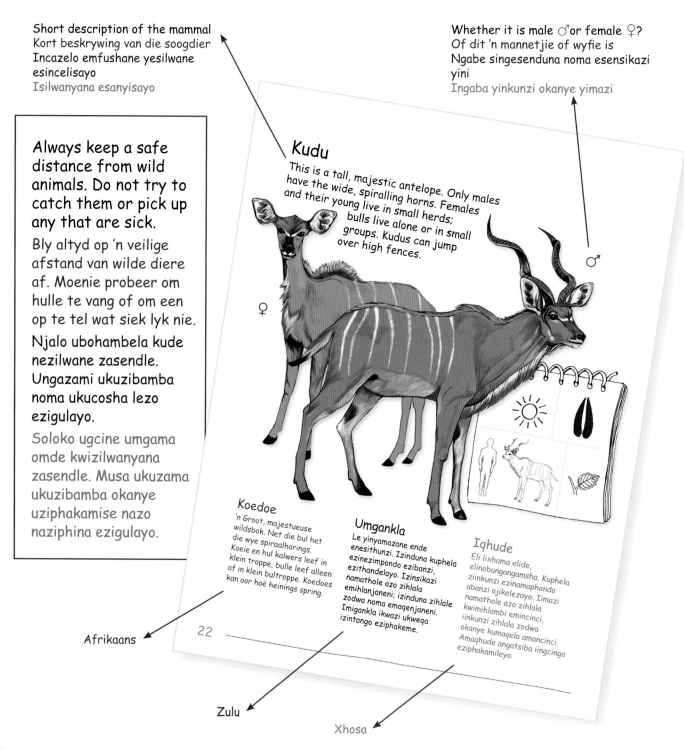

Kudu

This is a tall, majestic antelope. Only males have the wide, spiralling horns. Females and their young live in small herds; bulls live alone or in small groups. Kudus can jump over high fences.

Koedoe
'n Groot, majestueuse wildsbok. Net die bul het die wye spiraalhorings. Koeie en hul kalwers leef in klein troppe, bulle leef alleen of in klein bultroppe. Koedoes kan oor hoë heinings spring.

Umgankla
Le yinyamazane ende enesithunzi. Izinduna kuphela ezinezimpondo ezibanzi, ezithandelayo. Izinsikazi namathole azo zihlala emihlanjaneni; izinduna zihlale zodwa noma emaqenjaneni. Imigankla ikwazi ukweqa izintango eziphakeme.

Iqhude
Eli lixhama elide, elinobungangamsha. Kuphela ziinkunzi ezinamaphondo abanzi ajikelezayo. Iimazi namathole azo zihlala kwimihlambi emincinci, iinkunzi zihlala zodwa okanye kumaqela amancinci. Amaqhude angatsiba iingcingo eziphakamileyo.

Afrikaans

Zulu

Xhosa

22

A notebook appears alongside and it shows you:

'n Notaboekie verskyn by elke dier en wys jou:
Incwajana yamanothi ibekwe eduze futhi ikukhombisa:
Incwadi yamanqaku ibonakala ecaleni kwaye ikubonisa:

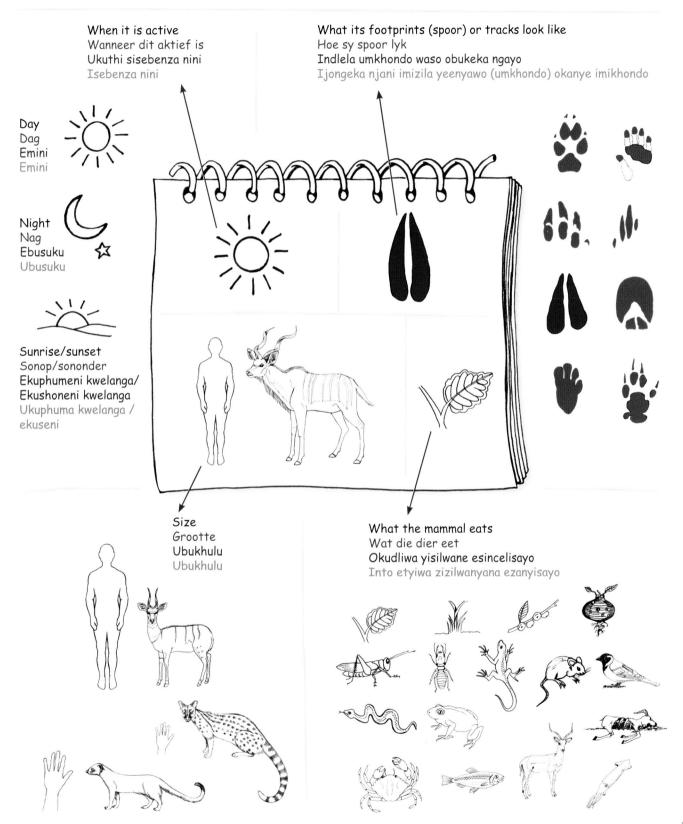

When it is active
Wanneer dit aktief is
Ukuthi sisebenza nini
Isebenza nini

What its footprints (spoor) or tracks look like
Hoe sy spoor lyk
Indlela umkhondo waso obukeka ngayo
Ijongeka njani imizila yeenyawo (umkhondo) okanye imikhondo

Day
Dag
Emini
Emini

Night
Nag
Ebusuku
Ubusuku

Sunrise/sunset
Sonop/sononder
Ekuphumeni kwelanga/
Ekushoneni kwelanga
Ukuphuma kwelanga /
ekuseni

Size
Grootte
Ubukhulu
Ubukhulu

What the mammal eats
Wat die dier eet
Okudliwa yisilwane esincelisayo
Into etyiwa zizilwanyana ezanyisayo

Elephant

The African elephant is the largest land mammal in the world. Cows and calves live in family herds, and bulls in small groups. An elephant eats 150 kg of vegetation each day, and produces 100 kg of dung. It rolls in water and mud to cool down.

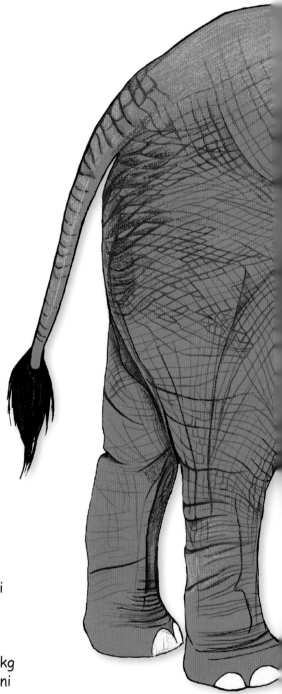

Olifant

Die Afrika-olifant is die grootste landsoogdier ter wêreld. Koeie en kalwers leef in familietroppe en bulle in klein groepies. 'n Olifant eet elke dag 150 kg plantvoedsel, en bring 100 kg se mis voort. Dit rol in water en modder om af te koel.

Indlovu

Izindlovu zase-Afrika ziyizilwane ezincelisayo ezinkulu kunazo zonke emhlabeni. Izinkomazi namathole zihlala emihlanjini yemindeni kuthi izinkabi zibe semaqenjaneni. Idla i-150 kg lezimila ngosuku ngalunye bese ikhipha i-100 kg obulongwe. Igingqika emanzini nasodakeni ukuzipholisa.

Indlovu

Iindlovu zase Afrika zezona zilwanyana ziphila emhlabeni ezanyisayo ehlabathini. Iinkomo namankonyane zihlala kwimihlambi yosapho, iinkunzi kumaqela amancinci. Itya utyani olungange-150 le-kg mihla yonke, kwaye ivelisa i-100 le-kg yobulongwe. Iziqikaqika emanzini naseludakeni ukuzipholisa.

Rhinoceros

There are two kinds of rhino. White rhinos (shown here) live in small herds and graze on grass. Black rhinos live alone and browse on trees; they can be bad tempered and dangerous. Rhinos like to wallow in mud and rub against scratching posts.

Renoster

Daar is twee soorte renosters. Wit renosters (wat hier gewys word) leef in klein troppe en eet gras. Swartrenosters leef alleen en eet boomblare; hulle kan humeurig en gevaarlik wees. Renosters rol graag in modder en skuur teen boomstamme.

Ubhejane omhlophe

Kunezinhlobo ezimbili zobhejane. Obhejane abamhlophe (okhonjiswe lapha) bahlala emihlanjaneni futhi baphila ngotshani. Obhejane abamnyama bahlala bodwa futhi bafunafune okudliwayo ezihlahleni; bangaba nolaka babe yingozi futhi. Obhejane bathanda ukubhuquza odakeni bese bezihlikihla ezinsikeni zokuzinwaya.

Umkhombe omhlophe

Imikhombe emhlophe ithanda ingca emfutshane yokutya. Iimazi namankonyane zenza imihlambi emincinci, iinkunzi ezindala zigada imida kwaye ziphawula umhlaba wemida yazo ngemfumba yobulongwe. Izibhuqabhuqa eludakeni, izikhuhle kwindawo zokonwaya.

Hippopotamus

During the day the hippo rests in water to keep cool and safe from predators. It makes loud grunting noises when it comes up for breath. It comes out of the water at night to feed on grass. Bulls fight fiercely for territory.

Seekoei

Die seekoei rus bedags in water om koel en veilig teen roofdiere te bly. Maak harde snorkgeluide wanneer dit opkom om asem te skep. Dit kom snags uit die water om te wei. Bulle veg verwoed om 'n gebied.

Imvubu

Emini imvubu iphumula emanzini ukuzigcina ipholile futhi iphephile ezilwaneni ezidla ezinye. Yenza imisindo ebhongayo lapho iphuma ukuzophefumula. Iphuma emanzini ebusuku izodla utshani. Izinduna zilwela indawo eziyengamelayo ngolaka.

Imvubu

Emini imvubu iphumla emanzini ukuzigcina ipholile kwaye ikhuselekile kumarhamncwa. Iyaphuma ebusuku iyokutya ingca. Yenza umgqumo omkhulu wengxolo xa iphumela ukuphefumla. Iinkunzi zilwela ummandla ngoburhalarhume.

Giraffe

The giraffe is the tallest animal in the world and can measure up to 5.5 m tall. Its height allows it to eat leaves that are too high for other animals to reach. Bulls fight by hitting each other's bodies with their head.

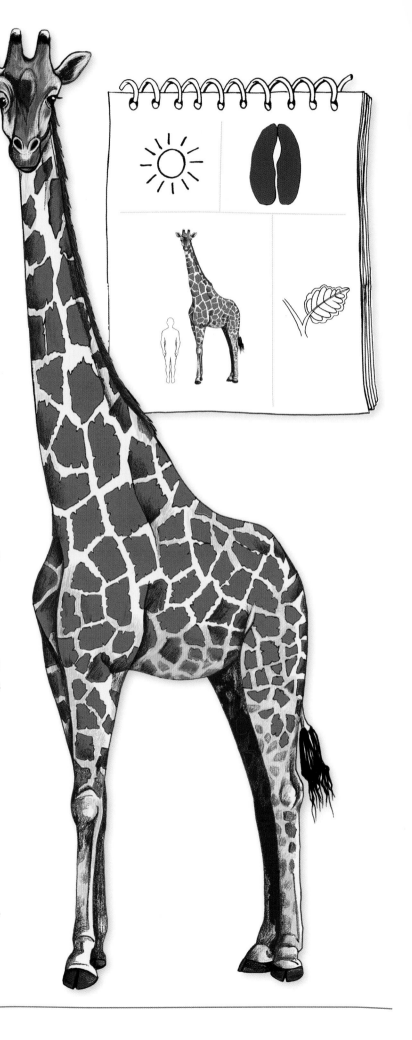

Kameelperd

Die kameelperd is die hoogste dier ter wêreld en kan tot 5.5 m hoog word. Die kameelperd se hoogte stel hom in staat om blare te eet wat ander diere nie kan bykom nie. Bulle veg deur mekaar se lyf met die kop te slaan.

Indlulamithi

Iyisilwane eside kunazo zonke emhlabeni futhi ingaze ifike ku-5.5 m ubude. Ubude bayo buyivumela ukuthi inqampune amacembe aphakeme kakhulu kwezinye izilwane. Izinkabi zilwa ngokushayana imizimba ngamakhanda azo.

Indlulamthi

Indlulamthi isesona silwanyana side ehlabathini; singalinganiselwa ukuya kwisi 5.5m ubude. Ubude bayo buyenza ikwazi ukutya amagqabi aphakame kakhulu ukufikelelwa zezinye izilwanyana. Iinkunzi zilwa ngokubethana emzimbeni ngeentloko zazo.

Plains zebra

Zebras live in small groups of mares with their foals and a stallion, and sometimes join together to form big herds. The zebra needs to drink every day, so it cannot go far from water. It can survive on poor quality grass by eating lots of it.

Vlaktesebra

Sebras leef in klein groepe merries met hul vullens en 'n hings en vorm soms groot troppe met ander groepe. Die sebra moet elke dag drink en kan nie ver van water wees nie. Dit kan van gras van swak gehalte leef deur baie daarvan te eet.

Idube lasethafeni

Amadube ahlala emaqenjaneni ezinsikazi namankonyane awo nenkunzi, futhi aye ahlangane enze imihlambi emikhulu ngesinye isikhathi. Idube lidinga ukuphuza nsuku zonke, ngakho-ke alikwazi ukuya kude namanzi. Likwazi ukuphila ngotshani obungekho esimweni esihle ngokubudla ngobuningi.

Iqwarha elisitywakadi

Amaqwarha ahlala kumaqela amancinci emazi namankonyane awo neenkunzi, ngamanye amaxesha adla ngokuzimanya kwimihlambi emikhulu. Iqwarha kufuneka lisele mihla yonke ngoko alikwazi ukuhlala kude namanzi. Lingaphila ngokutya ingca engekho semgangathweni.

Warthog

The warthog is active during the day and sleeps in holes in the ground at night. It uses its snout to dig up roots. When it runs, it sticks its tail straight up. It is not a very social animal, although sometimes it may form small groups.

Vlakvark

Dir vlakvark is bedags aktief en slaap snags in gate in die grond. Dit grawe wortels met die snoet uit. Wanneer dit hardloop, staan die stert regop. 'n Vlakvark is nie n' baie sosiale dier nie, maar vorm soms klein groepies.

Intibane

Intibane isebenza emini bese ilala emigodini esemhlabathini. Isebenzisa impumulo yayo ukwemba izimpande. Lapho igijima imisa umsila wayo uqonde mpo. Intibane akusona isilwane esiphilisana kakhulu nezinye yize ngesinye isikhathi ingenza amaqenjana.

Ingulube

Ingulube isebenza emini kwaye ilale kwimingxunya esemhlabeni. Isebenzisa impumlo yayo ukugrumba iingcambu. Xa ibaleka iphakamisa umsila wayo nkqo. Iingulube ayizozilwanyana ezithanda ukuhlala nezinye kakhulu, kodwa ngamanye amaxesha yenza amaqela amancinci.

Buffalo

Buffaloes live in herds of up to several hundred, although old bulls are usually found alone. Buffaloes need to drink every day and so they stay close to water. Buffaloes are very brave and strong and can fight off attacks from lions.

Buffel

Buffels leef in troppe van tot duisende, maar ou bulle word gewoonlik alleen aangetref. Buffels moet elke dag drink en bly daarom naby water. Buffels is baie dapper en sterk en kan aanvalle deur leeus afweer.

Inyathi

Izinyathi zihlala emihlanjini engafika kumakhulukhulu, yize izinkabi ezindala zivame ukuba zodwa. Izinyathi zidinga ukuphuza nsuku zonke, ngakho-ke zihlala eduze namanzi. Izinyathi zinesibindi esikhulu futhi zinamandla kanti ziyakwazi ukulwa zizivikele emabhubesini.

Inyathi

Inyathi zihlala kwimihlambi efika kumakhulu aliqela, nangona iinkunzi ezindala zidla ngokuhlala zodwa. Iinyathi kufuneka zisele mihla yonke kwaye ngoko zihlala kufutshane namanzi. Inyathi zikrelekrele kakhulu kwaye zinamandla zingazilwela xa zihlaselwa ziingonyama.

Eland

This is the biggest antelope in Africa. It lives in large herds and may move long distances to find food and water. It can live without water if it has fresh green grass or leaves to eat. Big bulls make a clicking noise when they walk.

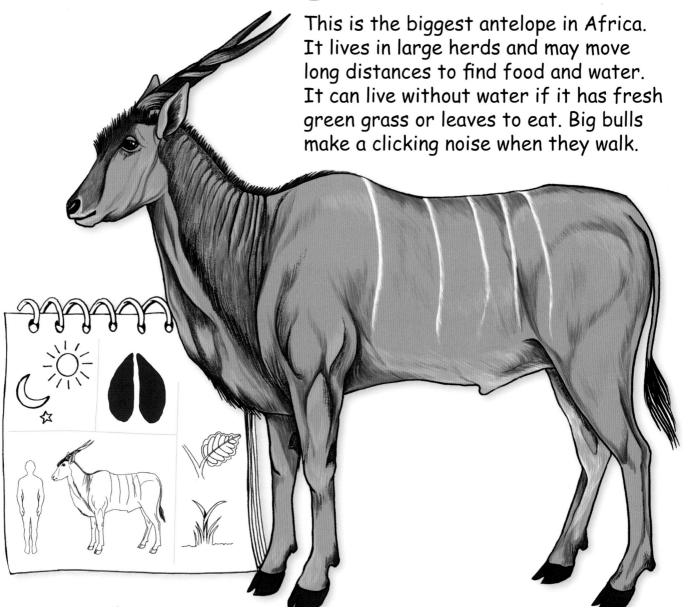

Eland

Dit is die grootste wildsbok in Afrika. Dit leef in groot troppe en kan groot afstande aflê om kos en water te vind. Dit kan sonder water leef as dit groen gras of plantdele het om te eet. Groot bulle maak 'n klikgeluid wanneer hulle loop.

Impofu

Le yinyamazane enkulu kunazo zonke e-Afrika. Ihlala emihlanjini emikhulu futhi ingahamba amabanga amade ukuthola ukudla namanzi. Iya-kwazi ukuphila ngaphandle kwamanzi uma inotshani obuluhlaza noma amacembe amasha engawadla. Izinkunzi ezinkulu zenza um-sindo oqoqozayo lapho zihamba.

Impofu

Eli lelona xhama likhulu e-Afrika. Ihlala kwimihlambi emikhulu kwaye ingahamba imigama emide ukufumana ukutya namanzi. Ingahlala ngaphandle kwamanzi ukuba inengca entsha eluhlaza okanye amagqabi okutya. Iinkunzi ezinkulu zenza ingxolo ebukhali xa zihamba.

Gemsbok

This large antelope lives in herds in dry areas. It moves long distances to find food and can survive without drinking water by eating wild melons and juicy roots. Both males and females have long, straight horns that are deadly weapons.

Gemsbok

Dié groot wildsbok leef in troppe in droë gebiede. Dit trek lang afstande om kos te soek en kan sonder drinkwater oorleef deur tsammas en sappige wortels te eet. Albei geslagte het lang, reguit horings wat dodelike wapens is.

I-gemsbok

Le nyamazane enkulu ihlala emihlanjini ezindaweni ezomile. Ihamba amabanga amade ukuyofuna ukudla futhi ikwazi ukuphila ngaphandle kokuphuza amanzi ngokudla amakhabe asendle nezimpande ezinamanzi. Bobubili ubulili bunezimpndo ezinde, eziqondile eziyizikhali ezibulalayo.

I-gemsbok

Eli xhama likhulu lihlala kwimihlambi kwiindawo ezomileyo. Lihamba imigama emide ukuze lifumane ukutya kwaye lingaphila ngaphandle kokusela amanzi ngokutya iivatala zasehlathini neengcambu ezinencindi. Zombini izini zinamaphondo amade athe nkqo, azizixhobo ezibulalayo.

Roan

This is the second-biggest antelope in Africa. It prefers areas with long grass that provides food and cover. Calves stay hidden for six weeks after they are born. The roan is rare in South Africa.

Bastergemsbok

Dit is die naasgrootste antiloop in Afrika. Dit verkies gebiede met lang gras wat kos en skuiling bied. Kalwers bly ná geboorte ses weke lank versteek. Die bastergemsbok is skaars in Suid-Afrika.

Impunga

Le yinyamazane yesibili ngobukhulu e-Afrika. Ithanda izindawo ezinotshani obude obunikeza ukudla nesiphephelo. Amathole ahlala efihlekile amasonto ayisithupha ngemuva kokuzalwa. Iyivelakancane eNingizimu Afrika.

I-roan

Eli lixhama lesibini ngobukhulu e-Afrika. Likhetha indawo enengca ende yokutya nokuzifihla. Amankonyana afihlwa iiveki ezintandathu emva kokuzalwa. Linqabile eMzantsi Afrika.

Sable

Male sables are glossy black, females browner, calves reddish brown. Both males and females have curved horns that are used in fighting. Females, calves and young males live in herds, but adult bulls live alone. Old females keep watch for danger.

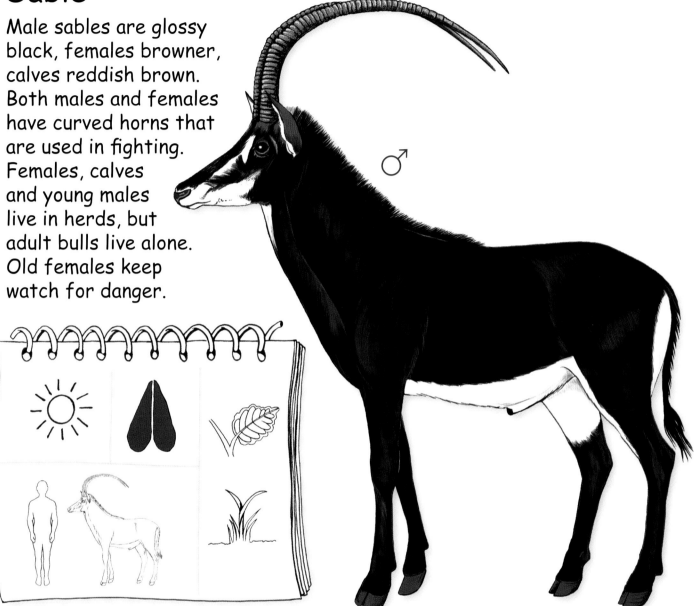

Swartwitpens

Die bul is glansend swart, die koei bruiner, kalwers rooibruin. Albei geslagte het geboë horings wat in gevegte gebruik word. Koeie, kalwers en jong bulle leef in troppe, volwasse bulle leef alleen. Ou koeie hou wag teen gevaar.

Inkolongwane

Izinduna zimnyama ngokucwebezelayo, izinsikazi zinsundwana, amathole ansundu okubomvu. Bobubili ubulili bunezimpondo ezigobekile ezisetshenziselwa ukulwa. Izinsikazi, amathole namaduna asemancane zihlala emihlanjini, kepha izinduna esezikhulile zihlala zodwa. Izinsikazi esezindala ziqapha ingozi.

I-sable

Kodwa iinkunzi ziyabengezela bubumnyama, iimazi zinobumdaka ngombala, amankonyane amdaka bubomvu. Zombini izini zinamaphondo anamagophe azizixhobo ezibulalayo. Iimazi, amankonyane neenkunzi ezincinci zihlala kwimihlambi, iinkunzi ezindala zihlala zodwa. Iimazi ezindala zijonga ingozi.

Kudu

This is a tall, majestic antelope. Only males have the wide, spiralling horns. Females and their young live in small herds; bulls live alone or in small groups. Kudus can jump over high fences.

Koedoe

'n Groot, majestueuse wildsbok. Net die bul het die wye spiraalhorings. Koeie en hul kalwers leef in klein troppe, bulle leef alleen of in klein bultroppe. Koedoes kan oor hoë heinings spring.

Umgankla

Le yinyamazane ende enesithunzi. Izinduna kuphela ezinezimpondo ezibanzi, ezithandelayo. Izinsikazi namathole azo zihlala emihlanjaneni; izinduna zihlale zodwa noma emaqenjaneni. Imigankla ikwazi ukweqa izintango eziphakeme.

Iqhude

Eli lixhama elide, elinobungangamsha. Kuphela ziinkunzi ezinamaphondo abanzi ajikelezayo. Iimazi namathole azo zihlala kwimihlambi emincinci, iinkunzi zihlala zodwa okanye kumaqela amancinci. Amaqhude angatsiba iingcingo eziphakamileyo.

Waterbuck

This is the only antelope with a white ring on its rump. It lives in small herds near water. It prefers to eat long grass. Bulls are territorial and have a strong body odour. Only bulls have horns.

Waterbok

Dit is die enigste wildsbok met 'n wit kring op sy kruis. Dit leef in klein troppe naby water. Dit verkies om lang gras te eet. Die bul is territoriaal en het 'n sterk liggaamsreuk. Net die bul het horings.

Iphiva

Le ukuphela kwenyamazane enesiyingi esimhlophe esinqeni. Ihlala emihlanjaneni eduze namanzi. Ithanda ukudla utshani obude. Izinduna ziziqokela indawo engeyazo zodwa futhi zinephunga lomzimba elinamandla. Yizinduna kuphela ezinezimpondo.

Inyamakazi yamanzi

Eli kuphela kwexhama elinesangqa esimhlophe kwiimpundu zalo. Ihlala kwimihlambi emincinci kufutshane namanzi. Ithanda ukutya ingca ende. Iinkunzi zigada umda kwaye zinevumba elivakala ngamandla. Zinkunzi kuphela ezinamaphondo.

Blue wildebeest

The blue wildebeest lives in herds of up to several hundred. In some areas, the herds move around a lot; but in others, they stay in one place. To avoid predators, newborn calves can run when they are only five minutes old, and keep up with adults after just one day.

Blouwildebees

Die blouwildebees leef in troppe van tot etlike honderde. In sommige gebiede beweeg dit baie rond, maar in ander leef dit op een plek. Om roofdiere te vermy, kan pasgebore kalfies hardloop wanneer hulle net vyf minute oud is, en kan na net een dag by die volwassenes byhou.

Inkonkoni eluhlaza

Ihlala emihlanjini eye ifike kumakhulukhulu. Kwezinye izindawo, imihlambi izula kakhulu; kwezinye ihlale ndawo yinye. Ukugwema izilwane ezidla ezinye, amankonyane asanda kuzalwa ayakwazi ukugijima enemizuzu emihlanu kuphela ezelwe, futhi akwazi ukuhambisana nezindala ngemuva kosuku olulodwa kuphela.

Inyamakazi eluhlaza yasehlathini

Inyamakazi eluhlaza yasehlathini ihlala kwimihlambi efika kumakhulu aliqela. Kwezinye iindawo, imihlambi ihamba-ahambe kakhulu, kwezinye ihlala kwindawo enye. Ukupheha amarhamncwa, amankonyane asanda kuzalwa angabaleka xa enemizuzu emihlanu kuphela, kwaye hambe nezindala emva kosuku olunye kuphela.

Black wildebeest

The black wildebeest lives in herds on short grasslands where it can get water to drink at least once a day. It makes a 'genu' noise and a high-pitched 'hic'. The bulls fight fiercely for territories.

Swartwildebees

Die swartwildebees leef in troppe op grasvelde met kort gras waar dit minstens een keer per dag water kan drink. Dit maak 'n 'ghenoe'- en 'n hoë 'hiek'- geluid. Bulle veg woes vir hul gebied.

Inkonkoni emnyama

Ihlala emihlanjini ezindaweni ezinotshani obufushane lapho ikwazi ukuthola amanzi okuphuza okungenani kanye ngosuku. Yenza umsindo nokukhala okuzwakalela phezulu. Izinkabi zilwela izindawo ezingazengamela ngolaka.

Inyamakazi emnyama yasehlathini

Inyamakazi emnyama yase-hlathini ihlala kwimihlambi kwimihlaba enengca emfut-shane apho inokufumana amanzi okusela nokuba kukanye ngosuku. Yenza ingxolo e'genu' nephezulu o 'hic'. Iinkunzi zilwela imida ngoburhalarhume.

Red hartebeest

Female red hartebeest and their calves live in herds but mature bulls live alone. A red hartebeest can move long distances to find fresh grass. It can live without drinking water by eating wild melons and juicy roots. Both males and females have horns.

Rooihartbees

Rooihartbeeskoeie en hul kalwers leef in troppe, maar volwasse bulle leef alleen. 'n Rooihartbees kan lang afstande aflê om vars gras te vind. Dit kan sonder drinkwater leef deur tsammas en sappige wortels te eet. Die bul sowel as die koei het horings.

Inkolongwane ebomvu

Izinsikazi namathole azo zihlala emihlanjini kanti izinkunzi zihala zodwa. Ikwazi ukuhamba amabanga amade ukuyofuna amadlelo amasha. Ikwazi ukuphila ngaphandle kokuphuza amanzi ngokudla amakhabe asendle nezimpande ezinamanzi. Zombili izinduna nezinsikazi zinezimpondo.

I-hartebeest ebomvu

Iimazi kunye namankonyane azo zihlala ngemihlambi kodwa iinkunzi ezigqibeleleyo zihala zodwa. Ingahamba imigama emide ukufumana amadlelo amatsha. Ingaphila ngaphandle kokusela amanzi, ngokutya iivatala zasehlathini neengcambu ezinencindi. Zombini izini zinamaphondo.

Tsessebe

This antelope can run faster than any others in southern Africa. Females and males look very similar. The male often stands on termite mounds to look for danger, and will chase away jackals and hyaenas that threaten the herd.

Tsessebe

Dié wildsbok kan vinniger as enige ander een in Suider-Afrika hardloop. Die bul en die koei lyk byna eenders. Die bul staan dikwels op termiethope om te kyk of daar gevaar is, en jaag jakkalse en hiënas weg wat die trop bedreig.

Itsesebe

Le nyamazane engagijima kunazo zonke ezase-Afrika eseningizimu. Izinsikazi nezinduna zicishe zifane ngokubukeka. Induna ivame ukuma zima ezidulini zomuhlwa ukuqapha ingozi, futhi ziye zixoshe izimpungushe nezimpisi ezibeka umhlambi engozini.

I-tsessebe

Eli xhama linganamendu kunawo nawaphina amanye asemazantsi e-Afrika. Iimazi neenkunzi phantse zifane. Inkunzi zima kwiindulana zeentubi zijonge ingozi, kwaye zigxothe oodyakalashe neengcuka ezigrogrisa umhlambi.

Nyala

This antelope likes to stay in thicker bush, where it browses and grazes on a wide range of plants. Male and female nyalas look very different. Only the male has horns, which he rubs in mud to show off his status.

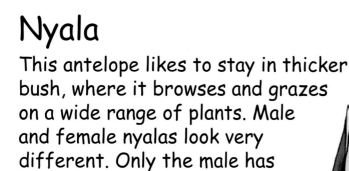

♂

♀

Njala

Dié wildsbok verkies om in digter bos te bly, waar dit aan 'n groot verskeidenheid plante eet. Die ram en die ooi lyk baie verskillend. Net die ram het horings, wat hy in modder vryf om sy status te wys.

Inyala

Le nyamazane ithanda ukuhlala ezihlahleni ezithe ukuminyana, lapho inqampuna idle inhlobo ebanzi yezithombo. Izinduna nezinsikazi zehluke kakhulu. Yinduna kuphela enezimpondo, ezihlikihla odakeni ukubukisa ngesikhundla sayo.

Inyala

Eli xhama lithanda ukuhlala kumatyholo axineneyo, apho litya amagqabi neentlobo-ntlobo zezityalo. Iinkunzi neemazi Zenyala zahluke kakhulu. Ziinkunzi kuphela ezinamaphondo, ezizikhuhla eludakeni ukudlisela ngewonga lalo.

Red lechwe

The lechwe always stays near water and, if a predator threatens, it runs into the shallow water. Only the male has horns. Large herds of lechwe gather where there is good grazing.

Letsjwe

Die letsjwe bly altyd naby water en as 'n roofdier aanval, hardloop dit in vlak water in. Net die ram het horings. Groot troppe vorm waar daar goeie weiding is.

I-*lechwe* elibomvu

I-*lechwe* lihlala eduze namanzi kanti lapho kuhlasela isilwane esidla ezinye libalekela emanzini angajulile. Yinduna kuphela enezimpondo. Imihlambi emikhulu iqoqana lapho kunamadlelo amahle.

I-lechwe ebomvu

I-lechwe ihlala kufutshane namanzi kwaye, ukuba irhamncwa liyarhorhisa libalekela kumanzi anzulu. Ziinkunzi kuphela ezinamaphondo. Imihlambi emikhulu iyenziwa apho kukho amadlelo amahle.

Blesbok and bontebok

These closely related antelope look very similar; blesbok (main picture) live in central and western South Africa, bontebok (inset) live in the Western Cape. Both kinds of antelope live in herds. In cold weather they shelter among bushes. Males fight for territories that they mark with piles of dung.

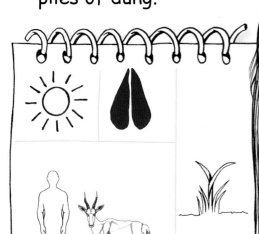

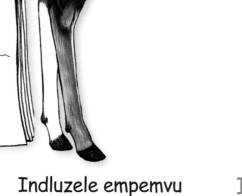

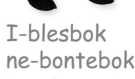

Blesbok en bontebok

Dié nou verwante wildsbokke lyk baie eenders; die blesbok (hoofprent) leef in sentrale en westelike Suid-Afrika, die bontebok (insetsel) leef in die Wes-Kaap. Albei dié boksoorte leef in troppe. In koue weer skuil hulle tussen bosse. Die ramme veg vir 'n gebied wat hulle met hope mis afmerk.

Indluzele empemvu nendluzele enezibhaxu ezimhlophe

Lezi zinyamazane ezihlobene kakhulu ziyafana impela; izindluzele ezimpemvu (isithombe esikhulu) zihlala eNingizimu Afrika emaphakathi nesentshonalanga, ezinezibhaxu (esifakwe ngaphansi) zihlala eNtshonalanga Kapa. Zihlala emihlanjini. Esimweni sezulu esimakhaza zikhosela ngaphakathi kwezihlahlana. Izinduna zilwela izindawo ezizibekisa ngezinqwaba zobulongwe.

I-blesbok ne-bontebok

La maxhama azalana ngokusondeleleneyo afana kakhulu; iblesbok ihlala embindini nasentshona yoMzantsi Afrika, i-bontebok kuphela eNtshona Koloni. Zombini ezintlobo zamaxhama zihlala kwimihlambi. Kwimozulu ebandayo zifumana indawo yokuhlala phakathi kwamatyholo. Iinkunzi zilwela imida eziyiphawula ngemfumba yobulongwe.

Impala

Impala are common in bushveld, wherever there is water to drink. If an impala is frightened or excited, it makes huge leaps. Impala females give birth to their young in spring. These antelope are important prey for large predators. Only the male has horns.

♂

Rooibok

Rooibokke is algemeen in die bosveld waar hulle water het om te drink. As 'n rooibok bang of opgewonde is, gee dit groot spronge. Rooibokkooie lam in die lente. Dié wildsbok is 'n belangrike prooi vir groot roofdiere. Net die ram het horings.

Impala

Izimpala zivamisile ehlanzeni, lapho zinamanzi okuphuza. Yizinduna kuphela ezinezimpondo. Izinsikazi zizala entwasahlobo. Izimpala zingukudla okubalulekile kwezilwane ezinkulu ezidla ezinye. Yizinduna kuphela ezinezimpondo.

Impala

Ii-impala zixhaphakile ematyholweni, naphina apho kukho amanzi okusela. Ukuba i-impala iyoyika okanye inemincili, itsiba kakhulu. Iimanzi ze-impala zizala amatakane azo entlakohlaza. La maxhama ngamaxhoba abalulekileyo kumarhamncwa amakhulu. Kuphela yinkunzi enamaphondo.

Springbok

The springbok lives in big herds in the Karoo and the Kalahari. It can survive without drinking water by eating wild melons and juicy roots. When it is frightened or excited it 'pronks' by doing big bouncy jumps. Both the males and females have horns.

Springbok

Die springbok leef in groot troppe in die Karoo en die Kalahari. Dit kan oorleef sonder om water te drink deur tsammas en sappige wortels te eet. Wanneer dit bang of opgewonde is, pronk dit deur hupspronge uit te voer. Die ram sowel as die ooi het horings.

Insephe

Ihlala emihlanjini emikhulu eKaroo naseKalahari. Ikwazi ukuphila ngaphandle kokuphuza amanzi ngokuthi idle amakhabe asendle nezimpande ezinamanzi. Lapho yethukile noma ijabule iyadlalisela ngokuthi igxume ngokuqhasha. Zozimbili izinduna nezinsikazi zinezimpondo.

Ibhadi

Lihlala kwimihlambi emikhulu e-Karoo naseKalahari. Lingaphila ngaphandle kokusela amanzi ngokutya iivatala zasehlathini neengcambu ezinencindi. Xa lisoyika okanye linemincili liya 'pronka' ngokwenza imitsi emikhulu yokujakatyula. Zombini izini zinamaphondo.

Bushbuck

Most of the time the bushbuck stays in thick bush, and only comes into more open areas to feed. It usually lives alone, but sometimes a ewe and her lamb stay together. It gives a sharp bark as an alarm signal. Only the males have horns.

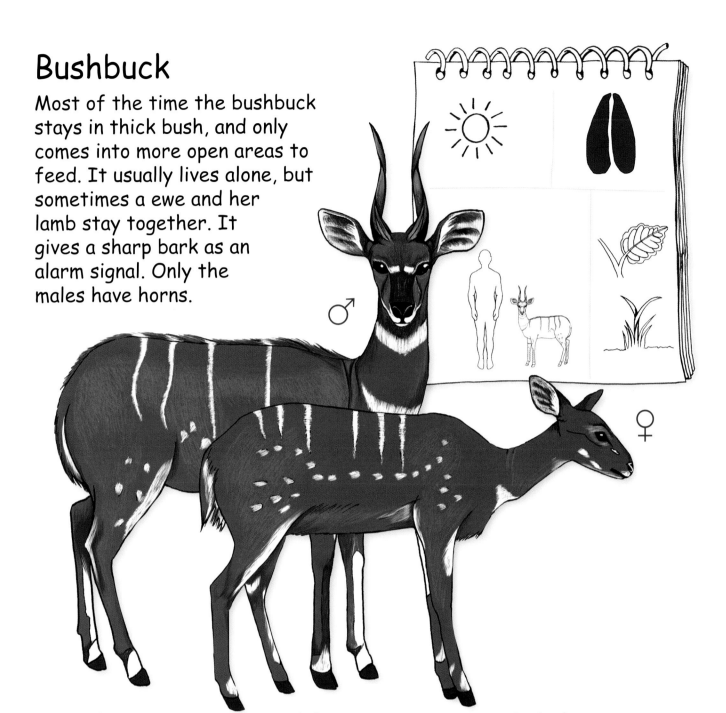

Bosbok

Die bosbok bly die meeste van die tyd in digte bos en kom net in oper plekke uit om kos te soek. Dit leef gewoonlik alleen, maar soms bly 'n ooi en haar lam saam. Dit maak 'n harde blafgeluid as alarmsein. Net die ram het horings.

Umdaka

Isikhathi esiningi uhlala ehlathini eliminyene, bese uza ezindaweni ezivulekile ukuzodla. Uvame ukuhlala wodwa, kepha ngesinye isikhathi imbabala ihlala layo. Inokukhonkotha okuhlabayo njengophawu lokuhlaba umkhosi. Yizinduna kuphela ezinezimpondo.

Imbabala

Amaxesha amaninzi imbabala iqhele ukuhlala kumahlathi ashinyeneyo, kwaye ize kwiindawo ezivuleleke ukuzokutya. Ihlala yodwa, kodwa ngamanye amaxesha imazi netakane layo bajlala kunye. Ikhonkotha bukhali njengophawu lesilumkiso. Ziinkunzi kuphela ezinamaphondo.

Common duiker

The common duiker lives alone. Because it is small and stays hidden among bushes during the day, it can survive on farms and close to towns. It eats a wide range of plants, including fruit and mushrooms. Usually only the males have horns.

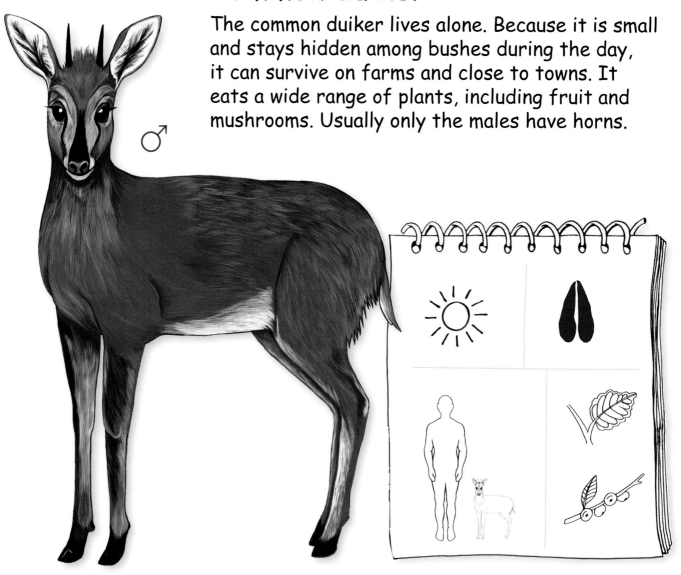

Duiker

Die duiker leef alleen. Omdat dit so klein is en bedags tussen bosse skuil, kan dit op plase naby dorpe oorleef. Dit eet 'n groot verskeidenheid plante, onder meer vrugte en sampioene. Net die ram het horings.

Impunzi

Impunzi izihlalela yodwa. Ngenxa yokuthi yincane nokuthi ihlala ifihlekile ezihlahlaneni emini, ikwazi ukuphila emapulazini naseduze kwamadolobha. Idla izinhlobo ezibanzi zezithombo, kufakwa nezithelo namakhowe. Ngokuvamile yizinduna kuphela ezinezimpondo.

Impunzi eqhelekileyo

Impunzi eqhelekileyo ihlala yodwa. Kuba incinci kwaye ihlala phakathi kwamatyholo emini ingakwazi ukuphila kwiifama nakufutshane ezidolophini. Itya iintlobo-ntlobo zezityalo, kuquka iziqhamo namakhowa. Idla ngokuba zinkunzi kuphela ezinamaphondo.

Steenbok

This small antelope lives in pairs or on its own. It can survive without drinking, provided it has fresh food. It carefully picks the best parts of plants to eat. Only the males have horns.

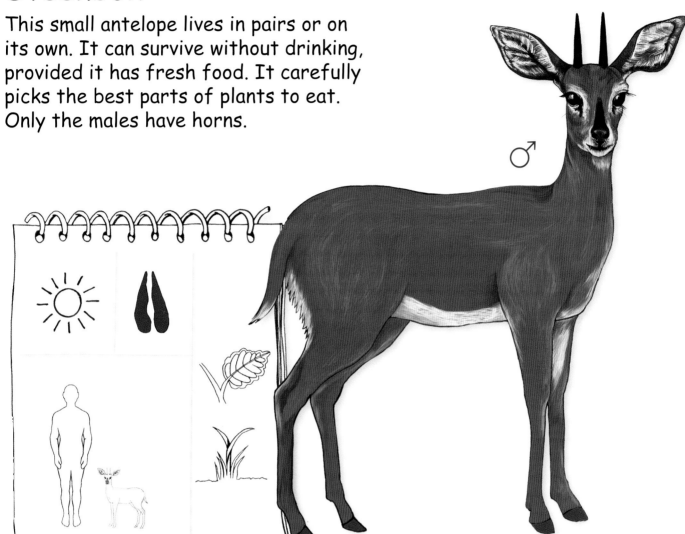

♂

Steenbok

Dié wildsbokkie leef in pare of alleen. Dit kan sonder water oorleef, maar moet dan vars kos hê. Dit pluk die beste dele van plante versigtig om te eet. Net die ram het horings.

Iqhina

Le nyamazanyana ihlala zibe zimbili noma yodwa. Ingaphila ngaphandle kokuphuza uma nje inokudla okusha. Ikhetha ngokucophelela izingxenye ezinhle zezithombo ezozidla. Yizinduna kuphela ezinezimpondo.

Ixhama

Eli xhama lincinci lihlala ngambini okanye liyazihlalela, kumhlaba onengca. Lingaphila ngaphandle kokusela, ngaphandle kokuba linokutya okutsha. Ngononophelo likhetha ezona ndawo zingcono zezityalo ukutya. Ziinkunzi kuphela ezinamaphondo.

Klipspringer

Klipspringers live in pairs and stay in the same territory all their life. This small antelope can balance on boulders on the tips of its hooves, and jump from rock to rock. If it sees a predator, it whistles loudly.

Klipspringer

Klipspringers leef in pare en bly hul hele lewe lank in dieselfde gebied. Dié wildsbokkie kan op die punte van sy hoewe op rotse staan, en spring van rots tot rots. As dit 'n roofdier sien, fluit dit hard.

Igogo

Igogo lihlala nelinye abe mabili futhi lihlale ndawo yinye impilo yalo yonke. Likwazi ukuzimelela ezimbokodweni lime ngezintupha zezinselo zazo, futhi ligxume lisuke edwaleni liye kwelinye. 'Uma libona isilwane esidla ezinye, lihlaba ikhwelo eliphakeme.

Ixhama elincinane laseMzantsi Afrika

Amaxhala amancinci ase-Mzantsi Afrika aphila ngamaqela kwaye ahlala kwindawo enye ubomi bawo bonke. Eli xhama lingaxhathisa ematyeni amakhulu ngeencam zempuphu zalo, kwaye litsibe ukusuka kwilitye ukuya kwelinye. Ukuba libona irhamncwa, likhwina kakhulu.

Baboon

Baboons live in very social groups, called troops. They feed on the ground and in trees during the day and sleep in big trees or on cliffs. The babies are black with pink faces; their mothers carry them on their backs or under their bellies.

Bobbejaan

Bobbejane leef in baie sosiale troppe. Hulle soek bedags op die grond en in bome kos en slaap in groot bome of op kranse. Die babas is swart met 'n pienk gesig; hul ma's dra hulle op die rug of onder die pens.

Imfene

Izimfene zihlala emaqenjini aphilisana ngokuzwana abizwa ngokuthi ngamaviyo. Zidla emhlabathini nasezihlahleni emini bese zilala ezihlahleni ezinkulu noma emaweni. Izingane zimnyama zibe nobuso obukhanyayo; onina bazibeletha emhlane noma ngaphansi kwezisu zabo.

Imfene

Iimfene ziphila kakhulu phakathi kwamaqela, abizwa imikhosi. Zitya phantsi nasemithini emini kwaye zilala emithini emihulu okanye emaweni. Abantwana bamnyama nobuso obupinki; oomama bazo bazibeleka emqolo okanye ngaphantsi kwezisu zabo.

Vervet monkey

This monkey is active during the day and at night it sleeps in big trees. It lives in troops with lots of social interaction. It gives alarm calls to warn other monkeys of danger. The babies are dark grey with pink faces.

Blouaap

Die blouaap is bedags aktief en slaap snags in groot bome. Dit leef in troppe met baie sosiale wisselwerking. Dit gee alarmroepe om ander ape teen gevaar te waarsku. Die babas is donkergrys met 'n pienk gesig.

Inkawu

Isebenza emini bese ilala ebusuku ezihlahleni ezinkulu. Ihlala emaviyweni ahlalisene ngokusondelana. Ihlaba umkhosi ukwexwayisa ezinye izinkawu ngengozi. Izingane zimpunga okujulile zibe nobuso obukhanyayo.

Inkawana engwevu yase Afrika

Le nkawu iyasebenza ngexesha lasemini kwaye ebusuku ilala kwimithi emikhulu. Ihlala kwimihlambi esebenzisana kunye amaxesha amaninzi. Inika intlaba-mkhosi ukulumkisa ezinye inkawu kwiingozi. Amantshontsho antsundu anobuso obupinki.

Lesser bushbaby

This bushbaby only comes out at night; during the day it sleeps in tree holes. It is a very good climber and leaper and spends nearly all its time in trees. It is called a bushbaby because its call sounds like a human baby crying.

Nagapie

Die nagapie kom net snags uit en slaap bedags in gate in bome. Dit kan baie goed klim en spring en bring die meeste van die tyd in bome deur. In Engels word hul 'n 'bushbaby' genoem, want hul roepe klink soos 'n baba wat huil.

Isinkwe

Siphuma kuphela ebusuku; emini silale emigodini esemithini. Singumgibeli nomgxumi onekhono kakhulu futhi sisebenzisa cishe sonke isikhathi saso sisezihlahleni. Siye sibizwe ngengane yasendle ngoba ukubizana kwazo kuzwakala njengengane ekhalayo.

Intshontsho letyholo elinganeno

Iphuma qha ebusuku,ngexesha lasemini ilala kwimingxunya yemithi. Amantshontsho etyholo zincutshe zokukhwela nokuxhuma kwaye zichitha malunga lonke ixesha lazo emithini. Zibizwa ngokuba ngamantshontsho etyholo kuba izikhalo zazo zivakala njengomntwana womntu ekhala.

Lion

Lions are the biggest predators in Africa; a male lion can weigh over 200 kg. Lions live in groups called prides and hunt together, mainly at night. Only lions can catch prey as big as a buffalo or an adult giraffe.

♀ ♂

Leeu

Die leeu is die grootste roofdier in Afrika; die mannetjie kan meer as 200 kg weeg. Leeus leef in troppe en jag saam, meestal snags. Net leeus kan prooi so groot soos 'n buffel of volwasse kameelperd vang.

Ibhubesi

Amabhubesi ayizilwane ezidla ezinye ezinkulu kunazo zonke kwelase-Afrika; induna ingaba nesisindo esingaphezu kwama-200 kg. Amabhubesi ahlala ngamaqembu aziwa ngokuthi ngamaviyo. Azingela ndawonye ikakhulukazi ebusuku, futhi abamba izilwane azidlayo ezinkulu kunezezinye izilwane.

Ingonyama

Iilgonyama irhamncwa amakhulu e-Afrika; iinkunzi zingaveyisha ngaphaya kwama-200 kg. Iingonyama zihlala ngamaqela abizwa ngokuba ngamaqhayiya kwaye zizingela kunye, ngakumbi ebusuku. Ziingonyama qha zibamba ezingabamba ixhoba elikhulu kangangenyathi okanye indlulamthi endala.

40

Leopard

This large, strongly built cat is most active at night, but sometimes also during the day. It stalks its prey and often carries the kill up trees away from lions and hyaenas. Females live with their cubs, and males live alone. Its call sounds like wood being sawn.

Luiperd

Dié groot, sterk geboude kat is meestal snags, maar soms bedags, aktief. Dit bekruip die prooi en sleep dit dikwels in 'n boom op, weg van leeus en hiënas af. Wyfies bly by hul welpies, en mannetjies leef alleen. Die roep klink soos hout wat gesaag word.

Ingwe

Leli kati elikhulu, elakhiwe laba namandla. Likhuthele kakhulu ebusuku kepha, nasemini ngesinye isikhathi. Licathamela elikudlayo futhi livamise ukuthwala elikubulele likukhweze ezihlahleni kude namabhubesi nezimpisi. Izinsikazi zihlala nemidlwane yazo, kuthi izinduna zihlale zodwa. Ukukhala kwayo kuzwakala njengokhuni olusahwayo.

Ihlosi

Ikati enkulu, enamandla ukwakhiwa ikhuthele kakhulu ebusuku, kodwa ngamanye amaxesha nasemini. Iyalichwechwela ixhoba layo kaninzi ithwala isilwanyana esibulewe ekuzingeleni phezulu emthini kude kwiingonyama neengcuka. Iimazi zihlala namantshontsho azo, kwaye iinkunzi zihlala zodwa. Isikhalo sayo sivakala ngathi ngumthi osarhwayo.

Cheetah

This cat is the fastest runner in the animal world, with a top speed of 110 km/h. It hunts in the morning and evening, when it is cool. Some males live in small groups. Cubs stay with their mothers for 18 months while they learn to hunt.

Jagluiperd

Dié kat is die vinnigste hardloper van al die diere, met 'n topsnelheid van 110 km/h. Dit jag soggens en saans wanneer dit koel is. Sommige mannetjies leef in klein groepies. Welpies bly 18 maande lank by die ma terwyl hulle leer jag.

Ingulule

Leli kati lingumsubathi oshesha kunabo bonke emhlabeni wezilwane, onejubane eliphezulu le-110 km/h. Lizingela ekuseni nakusihlwa, lapho sekupholile. Ezinye izinduna zihlala emaqenjaneni. Imidlwane ihlala nonina izinyanga ezi-18 ngesikhathi isafunda ukuzingela.

Ingwenkala

Le kati yenona mbaleki enamendu kwizilwanyana, ngesatya esiphezulu se-110 ekm/h. Izingela kusasa nangokuhlwa, xa kupholile. Ezinye iinkunzi zihlala ngamaqela amancinci. Amantshontsho ahlala noonina iinyanga ezili-18 ngelixesha afunda ukuzingela.

Spotted hyaena

This social predator lives in groups, called clans, and hunts in teams for big prey like zebra and wildebeest. It also scavenges, and steals kills from lions. Hyaenas whoop to call their companions, and squeal and giggle when they are together.

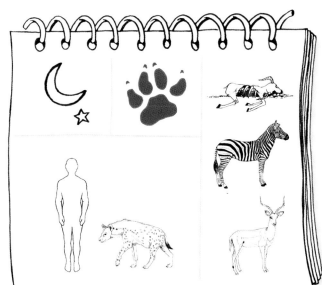

Gevlekte hiëna

Dié sosiale roofdier leef in groepe en jag groot prooi soos sebras en wildebeeste in troppe. Dit eet ook aas en steel leeus se prooi. Hiënas roep hul maats met 'n whoepgeluid, en skree en giggel wanneer hulle saam eet.

Impisi enamachashaza

Lesi silwane esidla ezinye sihlala emaqenjini futhi sizingela ngamaviyo ukuthola izilwane esizidlayo ezinjengamadube nezinkonkoni. Ibuye idle osekufile futhi yeba ukudla okubulewe ngamabhubesi. Izimpisi zibizana ngomsindo, futhi ziyanswininiza zigegetheke lapho zindawonye.

Ingcuka enamachokoza

Eli rhamncwa elihlala nezinye izilwanyana liphila namaqela abizwa ngokuba zii-clan kwaye zizingela ngamaqela amaxhoba amakhulu afana namaqwarha nezinqu. Ikwaphila ngenyama ebolileyo, kwaye ibe isilwanyana esibulewe ekuzingeleni kwiingonyama. Iingcuka ziyadanduluka ukubiza amaqabane azo, kwaye zitswine zigigitheke xa zikunye.

Wild dog

This very sociable dog lives in a pack; all members of the pack share food, hunt together and care for the pups. They use special calls to communicate with each other. Wild dogs are highly endangered, and need large protected areas to ensure their survival.

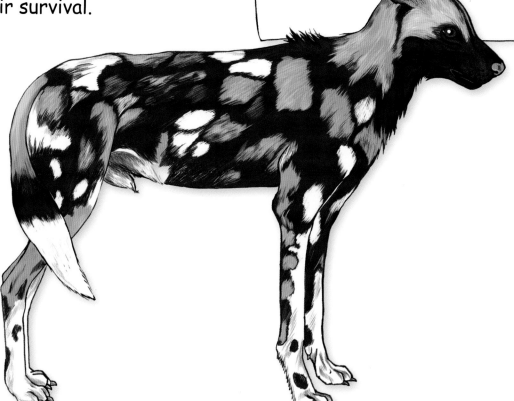

Wildehond

Dié baie sosiale hond leef in 'n trop; al die lede van 'n trop deel kos, jag saam en sorg vir die welpies. Hulle gebruik spesiale roepe om met mekaar te kommunikeer. Die wildehond is 'n bedreigde roofdier en het baie groot beskermde gebiede nodig om te oorleef.

Inja yasendle

Isilwane esidla ezinye esiphilisana kakhulu nozakwabo esihlala ngamaqoqo. Le nja iphilisana kakhulu nezinye futhi ihlala emaqulweni; wonke amalungu equlo abelana ngokudla, azingele ndawonye futhi anakekele nemidlwane. Zibizana ngemisindo ethize ukuxhumana. Izinja zasendle zibekeke engozini, futhi zidinga izindawo ezinkulu ezivikelekile ukuze ziphile.

Inja yasendle

Le nja inobuhlobo iphila ngamaqela; onke amalungu eqela abelana ngokutya, azingela kunye kwaye akhathalela iinjana. Zisebenzisa ukukhwaza okuthile ukuncokola enye nenye. Izinja zasendle zisengozini enkulu, kwaye zifuna iindawo ezikhuselekileyo ezinkulu ukuqinisekisa ukuphila kwazo.

Black-backed jackal

Although these jackals live in pairs, they often move around on their own. Some year-old cubs stay with their parents to help care for their younger brothers and sisters. Jackals hunt small animals and scavenge from big predators' kills.

Rooijakkals

Rooijakkalse leef in pare, maar beweeg dikwels alleen rond. Sommige jaar oues bly by hul ouers om vir hul jonger boeties en sussies te help sorg. Jakkalse jag klein diertjies en eet ook aas van groot roofdiere se prooi.

Impungushe emhlane omnyama

Yize lezi zimpungushe zihlala ngazimbili, kepha imvamisa zizihambela zodwa. Imidlwane enonyaka owodwa ihlala nabazali bayo ukusiza ukunakekela abanawayo nodade bazo abancane. Izimpungushe zizingela izilwane ezincane futhi zidla okusele kokubulewe yizilwane ezinye.

Udyakalashe onomqolo omnyama

Nangona aba dyakalashe bephila ngababini, bahamba-hamba rhoqo bodwa. Amanye amantshontsho anonyaka ubudala ahlala nabazali ukunceda ekujongeni abantankwe noodade abancinci. Oodyakalashe bazingela izilwanyana ezincinci kwaye baphila kwizinto ezibulewe ngamarhamnco amakhulu.

Bat-eared fox

These small foxes live in pairs with their offspring. To avoid extreme temperatures, they feed at night in summer, and during the day in winter. They dig up insects after finding them by listening with their huge ears.

Bakoorjakkals

Dié klein jakkalsies leef in pare met hul kleintjies. Om uiterste temperature te vermy, soek hulle in die somer snags en in die winter bedags kos. Hulle luister met die groot ore om insekte op te spoor en uit te grawe.

Isilwane esisampungushe

Lezi zilwanyana zihlala ngazimbili nezingane zaso. Ukugwema ukushisa okwedlulele, ehlobo zidla ebusuku, bese zidla emini ebusika. Zemba izinambuzane ngemuva kokuzithola ngokulalela ngamadlebe aso amakhulu.

Impungutye enendlebe zelulwane

Ezi mpungutye zihlala ngambini nenzala yazo. Ukuphepha amaqondo agqithisileyo, sitya ebusuku ehlotyeni, nasemini ebusika. Somba izinambuzane emva kokuba sizifumene ngokumamela ngeendlebe zaso ezinkulu.

Cape fox

This fox usually comes out at night to hunt for small mammals. During the day, it sleeps in a hole in the ground. When the female has cubs she stays in her den and her mate brings her food.

Silwervos

Die silwervos kom gewoonlik snags uit om soogdiertjies te jag. Bedags slaap dit in 'n gat in die grond. Wanneer die wyfie kleintjies het, bly sy in die lêplek en dan bring haar maat vir haar kos.

Isilwane esisampungushe saseKapa

Sivamise ukuphuma ebusuku ukuyozingela izilwanyana ezincelisayo. Emini silala emgodini osemhlabathini. Lapho esensikazi sinemi-dlwane sihlala emgedeni waso kuthi umlingani waso asilethele ukudla.

Impungutye yaseKoloni

Le mpungutye idla ngokuphuma ebusuku izingele izilo ezanyisayo ezincinci. Emini, ilala emngxunyeni emhlabeni. Xa imazi inamathole ihlala kumngxuma wayo kwaye umlingane wayo azise ukutya.

47

Honey badger

Also known as a ratel, this is a fierce, aggressive and very strong animal. It digs up mice, scorpions and big spiders to eat and occasionally raids beehives for honey and grubs. The mother honey badger looks after her young until they are fully grown.

Ratel

'n Kwaai, aggressiewe en baie sterk dier. Dit grawe muise, skerpioene en groot spinnekoppe uit om te eet en plunder af en toe byeneste vir heuning en larwes. Die ma versorg haar kleintjies totdat hulle volgroeid is.

Insele

Isilwane esinolaka, esinenkani nesinamandla kakhulu. Sigubha amagundane, ofezela nezilwembu ezinkulu ukuze sidle futhi ngesinye isikhathi sihlasela izidleke zezinyosi ukuthola uju nezibungu. Insikazi inakekela izingane zayo zize zikhule ngokuphelele.

I-ratel

Ekwaziwa njengerate esi isilwanyane esinamandla kakhulu, esinoburhalarhume nesihlaselayo. Semba iimpuku, oonomadudwane nezigcawu ezikhulu izitye ngamaxesha athile ihlasela indlu yeenyosi ukufumana ubusi nemibungu. Oomama bajonga abantwana babo de babe bakhule ngokupheleleyo.

Cape clawless otter

This otter is a very good swimmer and can live in both fresh water and the sea. It feels for underwater prey with its sensitive forepaws on which it has no nails or claws. This is why it is called a clawless otter.

Groototter

Dié otter is 'n baie goeie swemmer en kan in varswater sowel as die see leef. Dit soek prooi onder die water deur met sy sensitiewe voorpote rond te voel. Dit het nie naels of kloue aan die voorpote nie.

Umthini ongenazindlawu

Lo mithini ungumbhukudi onekhono kakhulu, futhi ukwazi ukuphila ndawo zombili emanzini asemasha nasolwandle. Ucinga okudliwayo okungaphansi kwamanzi ngokusebenzisa izidladla zayo zangaphambili ezizwelayo ezingenamazipho noma izindlawu. Yingakho ubizwa ngomthini ongenazindlawu.

Intini engenamazipho esilwanyana yaseKoloni

Le ntini yincutshe ekudadeni, kwaye ingaphila emanzini amatsha naselwandle. Iliva ixhoba langaphantsi kwamanzi ngamathupha angaphambili abukhali ayo kuwo ekungekho zinzipho okanye iinzipho zesilwanyane. Yiyo loo nto ibizwa ngokuba yintini engenazinzipho.

Small-spotted genet

Genets are common but are not often seen because they are active only at night. The genet forages on the ground and in trees for small prey. It sleeps in holes in trees or rocks and sometimes in the roofs of houses.

Kleinkol-muskeljaatkat

Die muskeljaatkat is algemeen, maar word nie dikwels gesien nie, want dit is snags aktief. Dit jag klein prooi op die grond en in bome. Dit slaap in gate in bome of rotse en soms in huise se dakke.

Insimba enamachashaza

Izinsimba zejwayelekile kepha azivamile ukubonwa ngoba zisebenza ebusuku. Insimba icinga izilwanyana ezincane emhlabathini nasezihlahleni. Ilala emigodini esezihlahleni noma emadwaleni nasophahleni lwezindlu ngesinye isikhathi.

I-genet encinci enamachokoza

Ii-genet ziqhelekile kodwa azisoloko zibonwa kuba zisebenza ebusuku. Ifula ukutya phantsi nasemithini amaxhoba amancinci. Ilala emingxunyeni esemithini okanye ematyeni ngamanye amaxesha kumaphahla ezindlu.

Banded mongoose

These very sociable mongooses live in large groups. They search for food on the ground during the day, and sleep in hollow trees or holes in termite mounds at night. If one is caught by a predator, the others will try to rescue it.

Gebande muishond

Dié baie sosiale muishond leef in groot groepe. Hulle soek bedags kos op die grond, en slaap snags in hol bome of gate in termiethope. As een deur 'n roofdier gevang word, sal die ander hom probeer red.

Umbonjane

Le mibonjane ephilisana neminye ihlala emaqenjini amakhulu. Icinga ukudla emhlabathini emini, ebusuku ilale ezihlahleni ezinezigoxi noma emigodini esezidulini zomuhlwa. Uma omunye ubanjwe yisilwane esidla ezinye, eminye izozama ukuwusindisa.

Umhlangala onemigca

Lo mhlangala uthanda ukuhlala kakhulu nezinye izilwanyana. Ukhangela ukutya emhlabeni emini, kwaye ulale kwimithi enemingxuma ngaphakathi okanye kwimingxuma kwiindulana zentubi ebusuku. Ukuba omnye ubanjwe lirhamncwa, eminye iyakuzama ukuwuhlangula.

Slender mongoose

This fierce little predator usually lives on its own. It hunts small animals during the day. At night it sleeps in termite mounds. These are the only small mongooses with black tail tips.

Swartkwas-muishond

Dié baie kwaai klein roofdier leef gewoonlik alleen. Dit jag bedags klein diertjies. Snags slaap dit in termiethope. Dis die enigste klein muishond met 'n swart stertpunt.

Uchakide

Lesi silwanyana esidla ezinye esinolaka impela sivame ukuzihlalela sodwa. Sizingela izilwanyana emini. Ebusuku silala ezidulini zomuhlwa. Laba ukuphela kochakijana abanemisila emnyama ekugcineni.

Umhlangala omncinane

Irhamncwa elincinci elinoburhalarhume kakhulu elidla ngokuziphilela. Uzingela izilwanyana ezincinci emini. Ebusuku ulala kwiindulana zentubi. Le kuphela kwe-mihlangala emincinci eneencam ezimnyama emisileni.

Suricate

Also known as a meerkat, this mongoose forages during the day, and sleeps in holes in termite mounds at night. It lives in social groups, with guards that keep watch and give an alarm call if they spot a predator. 'Babysitters' look after the young while their mothers search for food.

Graatjiemeerkat

Dié meerkat soek bedags kos en slaap snags in gate in termiethope. Hulle leef in sosiale groepe, met wagte wat wag hou en alarm maak as hulle 'n roofdier sien. Babawagters pas die kleintjies op terwyl hul ma kos soek.

Ububhibhi

Ububhibhi lobo bucinga ukudla emini, bulale emigodini esezidulini zomuhlwa ebusuku. Buhlala emaqenjini aphilisana ndawonye, nabaqaphi abahlaba umkhosi lapho bebona isilwane esidla ezinye. 'Imizanyana' inakekela izingane ngesikhathi onina bedla.

I-suricate

Ikwaziwa njengemeerkat, lo mhlangala ufula ukutya emini, kwaye ilale emingxunyeni kwiindulana zentubi. Ziphila ngamaqela nezinye izilwanyana, nonogada abajongayo nabanika isilumkiso xa bebona irhamncwa. Abajongi babantwana bajonga abancimci ngelixesha oomama bazo bekhangela ukutya.

Porcupine

The porcupine is active at night, and sleeps during the day in a large burrow. It eats all sorts of plants, and sometimes raids crops or gardens. If attacked, it bristles up its pointed quills and tries to stick them into the attacker.

Ystervark

Die ystervark is snags aktief en slaap bedags in 'n groot gat. Dit eet alle soorte plante en plunder soms landerye of tuine. As dit aangeval word, lig dit die penne en probeer die aanvaller daarmee steek.

Ingungumbane

Isebenza ebusuku, bese ilala emini emgodini omkhulu. Idla zonke izinhlobo zezimila, futhi ngesinye isikhathi ihlasela izitshalo noma izingadi. Lapho ihlaselwa, ivusa izinungu zayo ezicijile bese izama ukuhlaba umhlaseli.

Incanda

Isebenza ebusuku, kwaye ilale emini kwimingxuma emikhulu. Itya zonke iintlobo zezityalo, ngamanye amaxesha ihlasele isivuno neegadi. Ukuba iyahlaselwa, ikhupha iintsiba zayo ezimileyo izame ukuzifaka kumhlaseli.

Striped mouse

This mouse is active in the daytime. It searches under bushes and in thick grass for seeds and insects to eat. It pollinates proteas by carrying pollen between the flowers as it feeds.

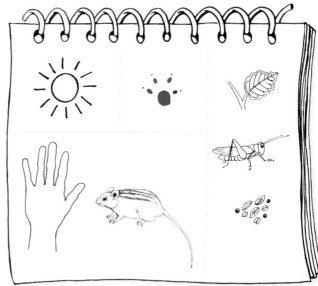

Streepmuis

Dié muis is bedags aktief. Dit soek onder bosse en dik gras vir saad en insekte om te eet. Dit bestuif proteas deur stuifmeel tussen plante te dra terwyl dit kos soek.

Igundane elinemidwa

Leli gundane lisebenza emini. Licinga ngaphansi kwezihlahlana notshani obuminyene ukuthola izimbewu nezinambuzane elizozidla. Lithuthela impova ezimbalini zamaphrothiya ngokuyithwala lapho lidla.

Impuku enemigca

Le mpuku isebenza ngexesha lasemini. Izingela phantsi kwamatyholo nengca eshinyeneyo iimbewu nezinambuzana ukuze itye. Imvumvuzela isiqwane ngokuthwala umungu phakathi kweentyantyambo njengokuba isitya.

Ground squirrel

Male and female ground squirrels live in separate groups that are active during the day and sleep in warrens at night. In hot weather, the ground squirrel uses its bushy tail as a sunshade. Unlike other squirrels, it is not a good climber.

Grondeekhoring

Die mannetjies en wyfies leef in afsonderlike groepe wat bedags aktief is en snags in hul lêplekke slaap. In warm weer, gebruik dit die waaerstert as 'n sonskerm. Anders as ander eekhorings, is dit nie 'n goeie klimmer nie.

Ingwejeje yaphansi

Izinduna nezinsikazi zihlala emaqenjini ehlukene asebenza emini zilale emigodini yazo ebusuku. Esimweni sezulu esishisayo zisebenzisa umsila wazo oyishoba njengomthunzi welanga. Ayiyena umgibeli onekhono njengezinye izingwejeje.

Unomatse wasemhlabeni

Iinkunzi neemazi zihlala kumaqela ahlukeneyo asebenzayo emini nalala kwiindawo ezixineneyo ebusuku. Kwimozulu eshushu usebenzisa umsila wayo ongathi lityholo njengesikhuseli selanga. Ngokungafaniyo nabanye oonomatse, akakwazi kakuhle ukukhwela.

Tree squirrel

These squirrels live in groups that sleep together in a hole in a big tree. Tree squirrels share grooming by nibbling each other's fur. If a tree squirrel sees a predator it chatters loudly and flicks its tail as an alarm signal.

Boomeekhoring

Dié eekhorings leef in groepe wat saam in 'n gat in 'n groot boom slaap. Boomeekhorings versorg mekaar deur aan mekaar se pels te knabbel. As dit 'n roofdier sien, snater dit hard en wip dit die stert as 'n alarmsein.

Ingwejeje yasesihlahleni

Zihlala emaqenjini alala ndawonye emgodini osesihlahleni esikhulu. Izingwejeje ziyacwalana ngokulumana uboya. Uma ibona isilwane esidla ezinye ichwazela phezulu bese inyakazisa umsila wayo njengophawu lokuhlaba umkhosi.

Unomatse wasemthini

Aba nomatse bahlala kumaqela alala kunye emngxunyeni emthini omkhulu. Oonomatse bayalungiselelana ngokuluma thambileyo uboya bomnye. Ukuba unomatse womthi ubona irhamncwa igxola kakhulu kwaye abethe ngokukhawuleza umsila wakhe njengophawu lesilumkiso.

Hare

The hare is a solitary animal. It feeds at night and sleeps during the day under bushes or clumps of grass. To get away from predators it runs and dodges at high speed. Its long ears help it to hear very well.

Haas

Die haas is 'n alleenloper. Dit soek snags kos en slaap bedags onder bosse of graspolle. Om van roofdiere weg te kom, hardloop en swenk dit. Met die lang ore kan dit baie goed hoor.

Unogwaja

Unogwaja uziphilela yedwa. Udla ebusuku bese elala emini ngaphansi kwezihlahlana noma izigaxa zotshani. Ukubalekela izilwane ezidla ezinye ugijima agwingcize. Amadlebe akhe amnikeza ikhono lokuzwa kahle kakhulu.

Umvundla

Umvundla lilolo lesilwanyane. Utya ebusuku kwaye ulale emini phantsi kwamatyholo nakwingca exineneyo. Ukuphuncuka kumarhamncwa uyabaleka kwaye uzimele ngrsantya esikhulu. Iindlebe zawo ezinde zenza ukuba uve ngokuchanekileyo.

Rock hyrax

The rock hyrax comes out during the day, and sleeps at night in holes among rocks. It likes to sunbathe. It is a very good climber and stays close to rocky areas where it can hide from predators. It is also called a dassie.

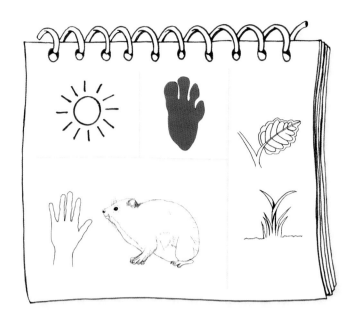

Klipdassie

Die klipdassie kom bedags uit en slaap snags in gate tussen rotse. Dit bak graag in die son. Dit is 'n baie goeie klimmer en bly naby klipperige plekke waar dit vir roofdiere kan wegkruip.

Imbila

Iphuma emini bese ilala ebusuku emigodini ephakathi kwamadwala. Iyathanda ukwethamela ilanga. Ingumgibeli onekhono futhi ihlala eduze nezindawo ezinamadwala lapho ikwazi ukucashela izilwane ezidla ezinye. Ibuye yaziwe ngokuthi yidasi.

Imbila

Imbila iphuma emini, kwaye ilale ebusuku kwimingxunya ephakathi kwamatye. Iyathanda ukugcakamela ilanga. Ngumkhweli oyincutshe kwaye ihlala kufutshane kwiindawo ezinamatye apho inokuzimela kumarhamncwa. Ikwaziwa njenge-dassie.

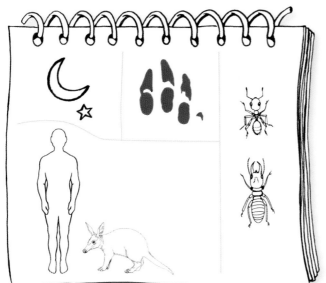

Aardvark

The aardvark is a very distinctive African mammal, with no close relatives. It comes out at night and digs for ants and termites to eat. It digs large burrows to sleep in during the day.

Erdvark

Die erdvark is 'n onmiskenbare Afrika-soogdier met geen nou verwante nie. Dit kom snags uit en grawe miere en termiete uit om te eet. Dit grawe groot gate waarin dit bedags slaap.

Isambane

Isilwane esincelisayo sase-Afrika esehluke kakhulu, esingenazihlobo eziseduze. Siphuma ebusuku ukuyokwemba izintuthwane nomuhlwa esiwudlayo. Semba imigodi emikhulu esilala kuyo emini.

Ihagu yomhlaba

Ihagu yasekhaya sisilwanyana esanyisayo esohluke kakhulu sase-Afrika, esingenazizalwana ezisondeleyo. Iphuma ebusuku yombe iimbovane neentubi itye. Yomba imingxuma emikhulu yokulala emini.

Pangolin

The pangolin's back and tail are covered by tough scales. To protect itself from predators, it rolls into a ball. Its favourite food is ants. Pangolins are quite rare, and difficult to find because they are mainly active at night.

Ietermagô

Die ietermagô se rug en stert is met harde skubbe bedek. Om hom teen roofdiere te beskerm krul hy hom in 'n bal op. Sy geliefkoosde kos is miere. Ietermagô's is taamlik skaars en word moeilik gevind omdat hulle hoofsaaklik snags aktief is.

Isambane esinamazengece

Iqolo nomsila wesambane esinamazengece kwembozwe ngamazengece aqinile. Ukuzivikela ezilwaneni ezidla ezinye sizigoqa sibe yibhola. Ukudla esikuthanda kakhulu yizintuthwane. Izambane ezinamazengece ziyivelakancane impela futhi kunzima ukuzithola ngoba zisebenza kakhulukazi ebusuku.

I-pangolin

Umqolo nomsila we-pangolin ugqunywe ngamaxolo omeleleyo. Ukuzikhusela kumarhamncwa, iyazisonga ibeyibhola. Ukutya ekuthandayo zimbovane. I-pangolin zinqabe kakhulu kwaye kunzima ukuzifumana kuba zisebenza kakhulu ebusuku.

Hedgehog

The hedgehog is usually active at night, but sometimes during the day too. Its back is covered with sharp prickles and, to protect itself from predators, it rolls into a spiky ball. During the winter it sleeps deeply for long periods.

Krimpvarkie

Die krimpvarkie is gewoonlik snags maar soms ook bedags aktief. Die rug is bedek met skerp penne en, om hom teen roofdiere te beskerm, krul hy hom in 'n stekelrige bal op. In die winter slaap hy lang rukke baie diep.

Inhloli

Ivamise ukusebenza ebusuku, nasemini ngesinye isikhathi. Iqolo layo lembozwe ngameva ahlabayo kanti, ukuzivikela ezilwaneni ezidla ezinye, izigoqa ibe yibhola elihlabayo. Ebusika ilala isikhathi eside.

Iintloni

Iintloni idla ngokusebenza ebusuku, ngamanye amaxesha nasemini. Umva wayo ugqunywe ngameva abukhali kwaye, ukuzikhusela kumarhamncwa, izisonga ibeyibhola yameva. Ebusika ilala kakhulu iiyure ezinde.

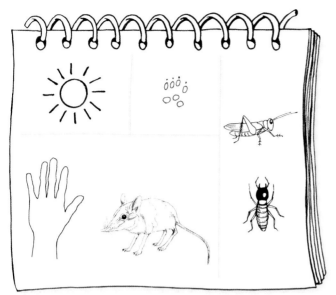

Four-toed elephant shrew

This is the largest species of elephant shrew in southern Africa. It is quite rare and difficult to find. It lives in pairs and clears pathways on the forest floor to make it easier to flee from predators.

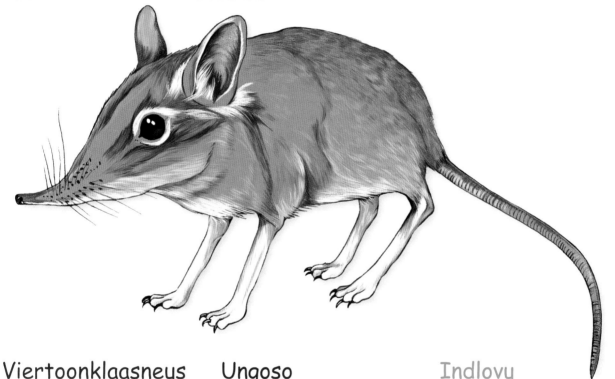

Viertoonklaasneus

Dit is die grootste klaasneus in Suider-Afrika. Dis taamlik skaars en word moeilik gevind. Dit leef in pare en maak paadjies op die woudvloer skoon om makliker van roofdiere te vlug.

Ungoso ozinzwane zine

Lolu uhlobo longoso olukhulu kunazo zonke e-Afrika eseningizimu. Uyivelakancane impela futhi kunzima ukuwuthola. Bahlala ngababili ezindaweni zabo futhi bavula imizila phansi ehlathini ukwenza kube lula ukubalekela izitha zabo.

Indlovu yenjalanekazi eneenzwane ezine

Le yeyona ntlobo yenjalanekazi kumazantsi e-Afrika. Inqabe kakhulu kwaye kunzima ukuyifumana. Ihlala ngambini emihlabeni kwaye ilungisa indlela phantsi ehlathini yenze kubelula ukuphuncuka kumarhamncwa.

Epauletted fruit bat

Bats are the only mammals that can fly; their wings are made of skin that is stretched between their long finger bones. They come out at night and catch insects or eat fruit. During the day bats hide in caves and other holes, or in trees, sometimes in colonies of thousands.

Witkol-vrugtevlermuis

Vlermuise is die enigste soogdiere wat kan vlieg; hul vlerke is van vel wat tussen hul lang vingerbene gestrek is. Hulle kom snags uit en vang insekte of eet vrugte. Bedags skuil hulle in grotte en ander gate, soms in kolonies van duisende.

Ilulwane

Amalulwane ngukuphela kwezilwane ezincelisayo ezikwazi ukundiza; izimpiko zazo zenziwe ngesikhumba esinwetshwe phakathi kwamathambo amade eminwe. Aphuma ebusuku bese ebamba izinambuzane noma adle izithelo. Emini amalulwane acasha emigedeni nakweminye imigodi noma emithini, kwesinye isikhathi abasemaqulweni ezinkulungwane.

Ilulwane

Amalulwane kuphela kwezilwanyana ezanyisayo ezikwaziyo ukubhabha; amaphiko alo enziwe ngesikhumba esilulwe phakathi keminwe emide engamathambo. Aphuma ebusuku ukubamba izinambuzane okanye atye iziqhamo. Emini amalulwane azimela emiqolobeni nakweminye imingxuma, okanye emithini ngamanye amaxesha ibe ngamawaka emikhosi.

Cape fur seal

Seals spend most of their time swimming in the sea where they catch fish and squid. The Cape fur seal can stay under water for up to seven minutes. It comes out onto rocks and beaches to breed in big colonies. Males are much bigger than females.

♀

Kaapse pelsrob

Robbe bring die meeste van hul tyd deur deur in die see te swem waar hulle visse en pylinkvisse vang. Die Kaapse pelsrob kan tot sewe minute lank onder die water bly. Groot kolonies gaan op rotse en strande aan land om aan te teel. Mannetjies is baie groter as wyfies.

Imvu yamanzi yakwelaseKape

Izimvu zasemanzini zisebenzisa isikhathi sazo esiningi zibhukuda olwandle lapho zibamba khona izinhlanzi nezilwanyana zasolwandle. Ikwazi ukuhlala ngaphansi kwamanzi kufike imizuzu eyisikhombisa. Iphuma ihlale amadwaleni ibe ngamaqoqo amakhulu ukuyozala. Izinduna zinkulu kakhulu kunezinsikazi.

Inja yolwandle enoboya yaseKoloni

Iinja zolowandle zichitha ixesha lazo elininzi ziqubha elwandle apho zibamba iintlanzi kwaye nezilwanyane ezineengalo ezilishumi esifana nengwane. Ingahlala phantsi kwamanzi imizuzu esixhenxe. Iphuma iye ematyeni zihlale zibengamawaka emikhosi zincancise. Iinkunzi zinobukhulu kuneemazi.

65

Common dolphin

Dolphins swim together in big groups, called schools, that co-operate to catch fish. Sometimes they jump out of the water and surf big waves. Dolphins communicate with each other by means of whistles and clicks.

Gewone dolfyn

Dolfyne swem in groot groepe, bekend as skole, wat saamwerk om visse te vang. Soms spring hulle uit die water en ry op groot branders. Dolfyne kommunikeer met mekaar deur middel van fluite en klikgeluide.

Ihlengethwa elivamile

Amahlengethwa abhukuda ndawonye emaqenjini amakhulu abambisanayo ukubamba izinhlanzi. Ngesinye isikhathi ayagxuma aphume emanzini atshuze phezu kwamagagasi amakhulu. Axhumana namanye ngokusebenzisa imilozi nokuqoqoza.

Ihlengesi eliqhelekileyo

Amahlengesi aqubha kunye ngamaqela amakhulu, abizwa izikolo, asebenzisanayo ukubamba iintlanzi. Ngamanye amaxesha atsibela ngaphandle emanzini atyibilike kumaza amakhulu. Zincokola ngendlela yokukhwina nangezandi ezifutshane ezibukhali.

Southern right whale

This whale comes to the South African coast between July and November to give birth or mate. It can often be seen rolling, rearing up out of the water and slapping its tail on the surface. In about November, it swims south to Antarctica to feed on plankton, which it filters from the water.

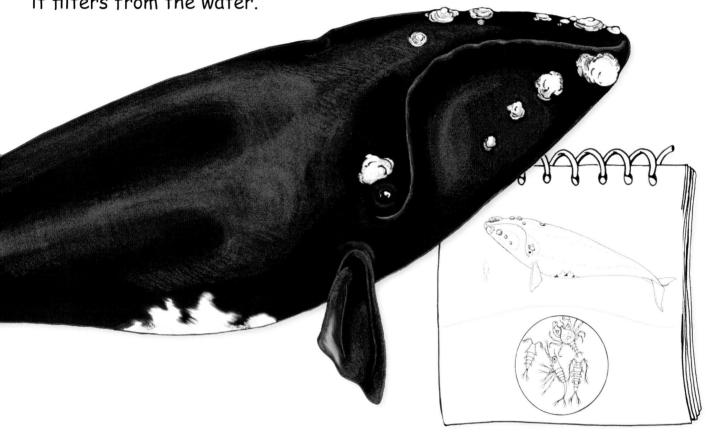

Suidkaper

Dié walvis kom tussen Julie en November na die kus van Suid-Afrika om te kalf en te paar. Dit rol, spring uit die water en klap met sy stert op die water. Teen November, swem dit suidwaarts na Antarktika om plankton te eet wat dit uit die water filtreer.

Umkhoma

Lo mkhoma uza olwandle lwaseNingizimu Afrika phakathi kukaJulayi noNovemba ukuzozala noma ukuzozalananisa. Ivame ukubonwa iyagingqika, igxuma bese ishaya ngemisila yayo phansi. NgoNovemba yehlela e-Antarctica; ukuyokudla okuntanta olwandle ekuhluza emanzini.

Umnenga wasekunene waseMazantsi

Lo mnenga uza kunxweme laseMzantsi Afrika phakathi kukaJulayi noNovemba zizokuzala nokudibana ngesondo. Zingabonwa rhoqo zizibhuqa, zigobe ngemva kwaye ziqhwabe imisila yazo phantsi. NgoNovemba ziyehla ziye kwi-Antartktika ziyokutya izilwanyana ezincinane ezingenakubonwa ngeliso lenyama eziphila emanzini ezihluze emanzini.

Birds

Voëls   Izinyoni   Iintaka

There are more than 950 different types of bird in southern Africa. This section will help you to recognise some of these, many of which you will see around you in your garden, at the beach, and in parks and nature areas.

Daar is meer as 950 voël soorte in suidelike Afrika. Hierdie afdeling sal jou help om van hulle wat in ons tuine, strande, in parke en in die natuur voorkom, te leer ken.

Zingaphezulu kuka-950 izinhlobonhlobo zezinyoni ezise-Africa eseningizimu. Le ncwadi izokusiza ukwazi ukuqaphela ezinye zazo, nokuzibona engadini yakho, ebhishi emapaki ezemvelo.

Kunee-ntaka ezahlukeneyo ezingaphezulu kwama-950 eMzantsi Africa. Le ncwadi izakukunceda ukuba ukwazi ukwahlula ezinye zazo, onokuthi uzibone egadini yakho, ngaselunxwemeni, kwipaka nakwimiyezo yendalo.

Introduction Inleiding Isingeniso Intshayelelo

When you see a bird, try to remember where it was, what it was doing and what it looked like.

Wanneer jy 'n voël sien wat jy nie ken nie, probeer om die volgende te onthou.
Uma ubona inyoni. Zama ukukhumbula ukuthi ibikuphi, beyenzani nokuthi beyenzani.
Xa ubona intaka. Zama ukukhumbula ukuba iphi, yenza ntoni, injani.

Where was the bird?

Waar was die voël?   Beyikuphi inyoni?   Ibi phi intaka?

On the ground?
Op die grond?
Phansi?
Emhlabeni?

On a cliff?
Op 'n krans?
Emadwaleni?
Eliweni?

In the bush?
In die bosse?
Ehlathini?
Ematyholweno?

In a tree?
In 'n boom?
Esihlahleni?
Emthini?

Near water?
Naby water?
Eduze namanzi?
Ecaleni kwamanzi?

Flying over?
In die lug?
Indiza phezulu?
Ibibhabha?

What was the bird doing?

Wat was die voël besig om te doen?   Beyenzani inyoni?   Yenzani intaka leyo?

Bathing?
Bad?
Iyazicwala?
Iyaqubha?

Nesting?
Sit op 'n nes?
Iyakhela?
Iyafukama?

Feeding?
Eet?
Indla?
Iyatya?

Pecking?
Kap?
Igqobha?
Iyaphanda?

Singing?
Sing?
Icula?
Iyacula?

Hopping?
Spring?
Iyagxumagxuma?
Iyangcileza?

Wading?
Loop in water?
Ukugwedla
kwezinyoni emanzini?
Iyazingela?

Walking?
Loop?
Iyahamba?
Iyahamba?

What did the bird look like?

Hoe het die voël gelyk?   Bewunjani umbala wenyoni?   Ibinjani intaka?

What colour were its feathers?   Watter kleur was sy vere?   Wawunjani umbala wezimpaphe zayo?
Belinjani ibala leentsiba zayo?

Plain?
Eenkleurig?
Ombalamunye?
Ngumbala omnye?

Striped?
Gestreep?
Omidwayidwa?
Inemigca?

Different colours?
Veelkleurig?
Omabalabala?
Imabala bala?

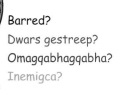

Barred?
Dwars gestreep?
Omagqabhagqabha?
Inemigca?

What shape was the bill?   Hoe lyk die snawel?
Bewumi kanjani umlomo wenyoni?   Ukumila kunye nombala womlomo wayo?

Short and thin?
Kort en dun?
imfushane izacile?
Umfutshane ubhityile?

Long and slender?
Lank en dun?
Inde iyomelele?
Umde ubityile?

Small and slender?
Klein en dun?
Incane iyomelele?
Mfutshane yaye mncinane

Short and fat?
Kort en breed?
Inonile imfushane?
Umfutshane utyebile?

Long and curved?
Lank en gekrom?
Inde igobile?
Mde ugoso?

Straight?
Reguit?
Iqondile?
Wolulekile?

Flat and broad?
Plat en breed?
Ibanzi indlalekile?
Ubanzi?

Hooked?
Gehaak?
Imise okodobo?
Unesangophe?

What did its feet and legs look like?   Hoe het sy pote en bene gelyk?
Zazibukeka kanjani izinyawo nemilenze yayo?   Ibinjani imilenze neenyawo zayo?

Big claws?
Groot kloue?
Izinzwane ezigobile?
Inzwane ezinde?

Fine claws?
Fyn kloutjies?
Izinzwane ezikahle?
Inzwane ezimfitshane?

Webbed?
Geweb?
Ezindlalekile?
Inzwane ezinenwebu?

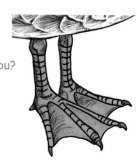

Feathered with claws?
Geveerde bene met kloue?
Inezimpaphe nezinzipho?
Ineentsiba neenzipho?

Long and yellow?
Lank en geel?
Zinde ziphuzu?
Mide imthubi?

Black legs, yellow feet?
Swart bene met geel voete?
Izitho ezimnyama nezinyawo eziphuzu?
Imilenze emnyama neenyawo ezimthubi?

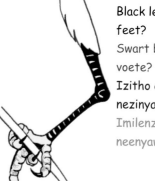

72

How to use this section   Hoe om hierdie afdeling te gebruik
Sisetshenziswa kanjani lesi sigaba   Lisetyenziswa kanjani eli candela

Each page introduces a new bird, and tells you something about it.
Elke bladsy stel 'n nuwe voël voor en vertel 'n paar dinge oor die voël.
Ikhasi ngalinye lalesi sigaba lethula inyoni entsha, futhi likutshele okuthile ngayo.
Iphepha ngalinye leli candela lazisa intaka entsha,
yaye likuxelela into ngayo.

A notebook appears with each bird, and it shows you:
Daar is 'n notaboekie langs elke voel wat die volgende wys:
Incwadi yamanothi iveza:
Incwadi inentaka nganye yaye iyakubonisa:

Common Fiscal
Known as a 'jackie hangman' because it impales its prey, such as insects or lizards, on sharp twigs or thorns.

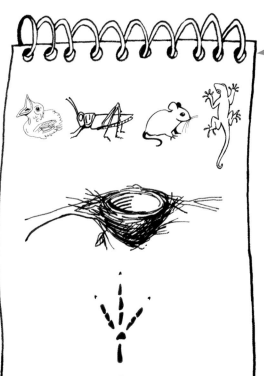

What the bird eats
Wat die voël eet
Idlani
Okutyiwa yintaka

The type of nest it builds
Hoe die nes lyk
Yakhelaphi
Uhlobo lweendlwane eyakhayo

The shape of its foot print or track
Hoe sy spore lyk
Imiloba
Iimpawu ezishiyayo xa ihamba phantsi

Fiskaallaksman
Ook bekend as die 'Laksman' omdat hulle hul prooi, soos insekte of akkedisse, aan skerp dorings of takkies ophang.

Ilunga
Yaziwa ngomaphipha ethutha ephelezela, ngoba iqoqa ukudla kwayo ikuchoma etshanini obucijile nasezintini lapho izibekela khona.

Inxanxadi
Laziwa njengo 'mxhomi' kuba lihlaba ixhoba layo (izinambuzane namacikilishe) kumasetyana anameva.

122

Ostrich
Volstruis
Intshe
Inciniba

White Stork
Witooievaar
Unogolantethe
Ingwamza

Blue Crane
Bloukraanvoël
Indwe
Indwe

Helmeted Guineafowl
Gewone tarentaal
Impangelele
Impangele

Cape Turtle-Dove
Gewone tortelduif
Ijuba
Ihobe

The red arrow shows you how big the bird is.
Die rooi pyltjie wys aan hoe groot die voel omtrent is.
Umcibisholo obomvu uyakukhombisa ukuthi inyoni inkulu kangakanani.
Umkhonto obomvu ukubonisa ukuba intaka inkulu kangakanani.

African Penguin

Also known as the 'jackass penguin' because it has a braying call like a donkey. It hunts for food at sea, but nests and roosts on the shore.

Brilpikkewyn

Hulle roep klink soos dié van 'n donkie. Hulle jag vis in die see, maar slaap en broei op land.

Inguza

Futhi yaziwa njenge 'Jackass Penguin' ngenxa yomsindo wephimbo layo. Izingela ukudla olwandle, kanti ifukamela emgodini ogwini ihamba ibathaza. Lena inyoni etholakala olwandle nasogwini ifukamele khona lapho, idla izimbaza.

Iphengwini

Ikwaziwa njengo 'nombombiya' ngenxa yokukhala kwayo. Izingela ukutya elwandle, kodwa indlwana nesichopho ziselunxwemeni.

74

African Darter

Swims with its neck and head above water in an 'S' shape, and is known as the 'snake bird'. After swimming, it sits with its wings outstretched to dry.

Slanghalsvoël

Swem met net sy kop en nek wat bo die water uitsteek wat hom soos 'n slang laat lyk, vandaar sy naam. Nadat hy geswem het, sit hy buite die water met sy vlerke oopgesprei om droog te word.

Ivuzi

Itholakala ibhukuda emanzini ikhanda nentamo kungaphezu kwamanzi limise okuka-Gilonki, ithamela ilanga ezintini ukomisa amaphiko ayo.

Ivuzi

Liqubha liveze intamo nentloko ngaphandle kwisimo esingu'S' ikwabizwa ngokuba yintaka eyinyoka. Emva kokuqubha lihlala livule iimpiko ukuze lome.

Great White Pelican

A very large, white bird that uses its long, pouched bill as a scoop to catch fish. Great White Pelicans hunt in groups.

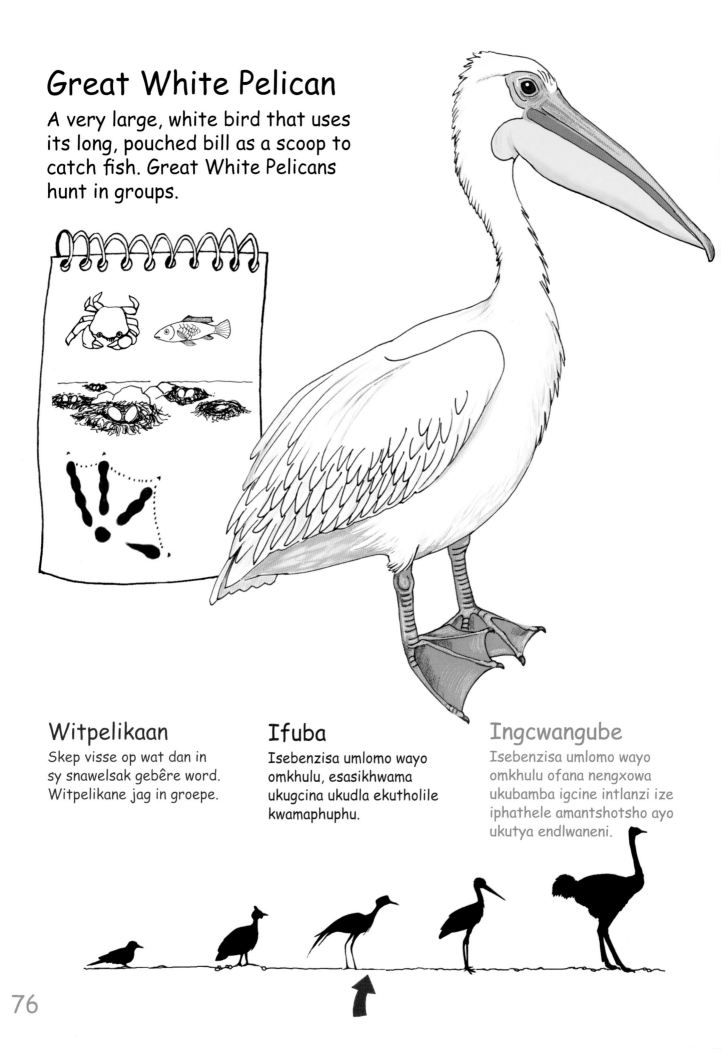

Witpelikaan

Skep visse op wat dan in sy snawelsak gebêre word. Witpelikane jag in groepe.

Ifuba

Isebenzisa umlomo wayo omkhulu, esasikhwama ukugcina ukudla ekutholile kwamaphuphu.

Ingcwangube

Isebenzisa umlomo wayo omkhulu ofana nengxowa ukubamba igcine intlanzi ize iphathele amantshotsho ayo ukutya endlwaneni.

Black-headed Heron

A tall, long-legged bird, often seen walking slowly through grassland or farmland, hunting.

Swartkopreier

'n Lank, slanke voël wat dikwels gesien word waar hy stadig oor oop grasvlaktes of landerye loop en jag.

Ugilonki

Inde inojojo lwemilenze ivame ukubonakala etshanini obude nasezingadini ifuna ukudla.

Ukhwalimanzi

Yintaka ende enemilenze emide. Evamise ukubonwa ihamba kancinane izingela engceni okanye emhlabeni.

Cattle Egret

Follows grazing cattle and buffaloes to catch insects disturbed along the way. Also known as the 'tick bird'.

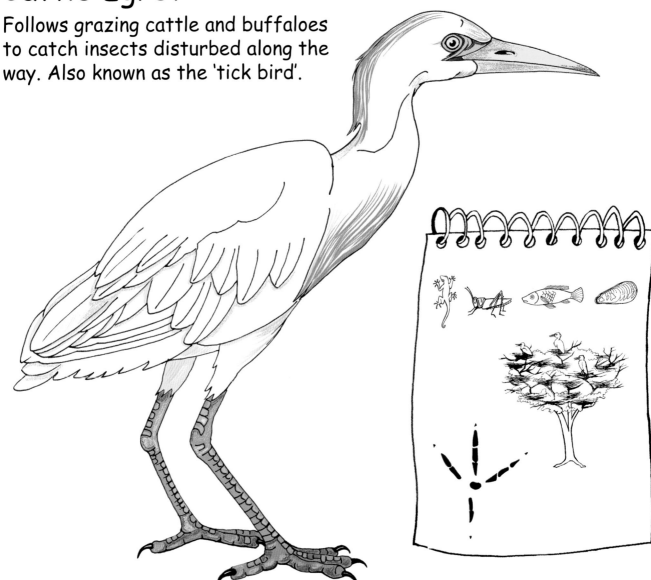

Veereier

Loop langs diere wat wei, soos beeste en buffels, en vang insekte wat deur die diere opgejaag word. Ook bekend as 'n bosluisvoël.

Ilanda

Lilandela izilwane zasendle nezinkomo, lifuna amazenze nezinambuzane.

Ilanda

Ilandela iinkomo neenyathi ezitya ingca ukuze ibambe izinambuzane eziphuma apho engceni. Ikwabizwa ngokuba 'yintaka yamakhalane'.

White Stork

Arrives from Europe in November and leaves in March. Pairs greet one another by 'bill clapping' during courtship.

Witooievaar

Kom uit Europa in November en verlaat suidelike Afrika weer in Maart. In broeityd groet paartjies mekaar deur hulle snawels teen mekaar te tik.

Unowanga

Inyoni efika ngesikhathi sasehlobo. Zibingelelana ngokuqabulana.

Ingwamza

Ifika apha eMzantsi Africa ehlotyeni ivela eYurophu ize imke ebusika. Abalingane babulisana ngokuxholana ngemilomo ngexesha lokuthandana.

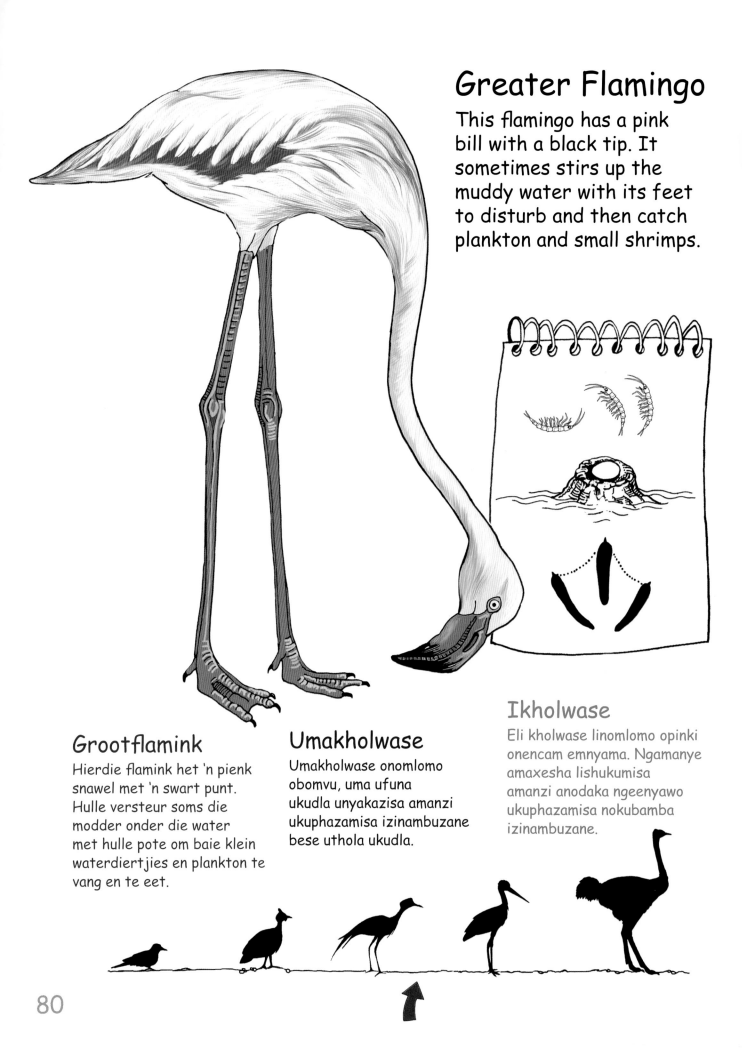

Greater Flamingo

This flamingo has a pink bill with a black tip. It sometimes stirs up the muddy water with its feet to disturb and then catch plankton and small shrimps.

Grootflamink

Hierdie flamink het 'n pienk snawel met 'n swart punt. Hulle versteur soms die modder onder die water met hulle pote om baie klein waterdiertjies en plankton te vang en te eet.

Umakholwase

Umakholwase onomlomo obomvu, uma ufuna ukudla unyakazisa amanzi ukuphazamisa izinambuzane bese uthola ukudla.

Ikholwase

Eli kholwase linomlomo opinki onencam emnyama. Ngamanye amaxesha lishukumisa amanzi anodaka ngeenyawo ukuphazamisa nokubamba izinambuzane.

Hamerkop

This waterside bird, with a hammer-shaped head, feeds on small fish and frogs. It is best known for the huge, untidy nest it builds.

Hamerkop

Hierdie watervoël met sy hamervormige kop vang klein vissies en paddas. Hulle is bekend vir die groot en slordige neste wat hulle bou.

Uthekwane

Le nyoni yaseduze namanzi, inekhanda elifuze elesando idla izinhlanzi ezincane namaxoxo. Yazeka kangcono ngesidleke esikhulu esingenabunono, kodwa esiqinile futhi umuntu angema phezu kwaso.

uThekwane

Le ntaka yasecaleni kwamanzi enentloko ende itya iintlanzana ezincinane kunye namasele. Yaziwa kakhulu ngokwakha indlu enkulu emfuxumfuxu.

Hadeda Ibis

Large, noisy garden birds that call loudly to each other. They push their long bill into the ground to catch worms and insects.

Hadeda

Groot, raserige tuinvoël wat hardop uitroep na mekaar. Hy steek sy lang snawel in die grond in om wurms en insekte te vang.

Inkankane

Inyoni enkulu enomsindo yasesivandeni, eqikekelayo ukugcina umndeni wayo usondelene, ititinya umlomo wayo otshanini obunomswakama ukubamba izinambuzane.

Inkankane

Intaka yegadi enkulu enengxolo kwaye enye ikhala kakhulu kwenye. Iphanda ngomlomo wayo omde emhlabeni ukuze ibambe izinambuzane.

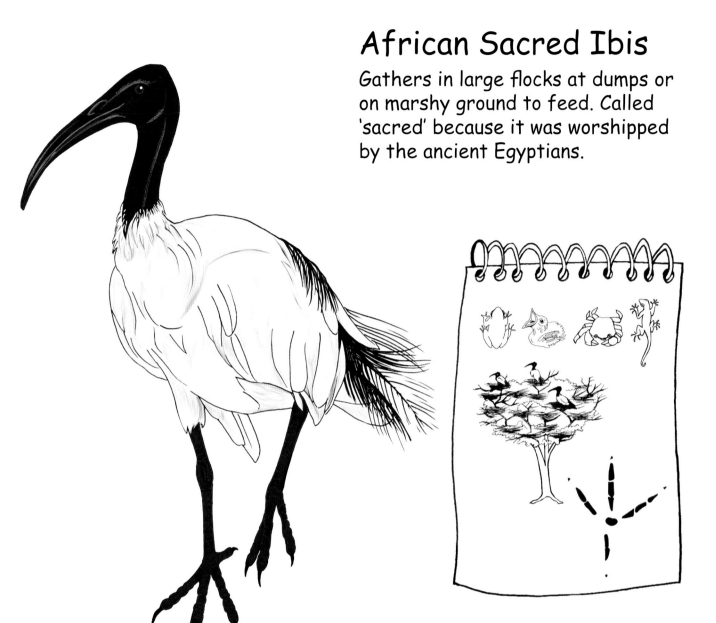

African Sacred Ibis

Gathers in large flocks at dumps or on marshy ground to feed. Called 'sacred' because it was worshipped by the ancient Egyptians.

Skoorsteenveër

Versamel in groot swerms by ashope of in moerasagtige gebiede om kos te soek. Die ou Egiptenare het hulle as heilig beskou en aanbid.

Inkankane

Ahamba ngamaqoqo emaxhaphozini efuna ukudla. Abizwa ngengcwele ngoba amaGibhithe asendulo ayezikhonza.

Ingcwele

Zihlala ziyimihlambi emikhulu ngasemigxobhozweni zizingela ukutya. Libizwa ngokuba 'lingcwele ' kuba lalinqulwa ngamaJiphethe akudala.

Egyptian Goose

A large, noisy bird, becoming quite common in towns and cities. It spends most of its time near water and eats mainly grass.

Kolgans

'n Groot raserige voël wat al hoe meer in dorpe en stede gesien word. Hulle is meestal naby water en eet hoofsaaklik gras.

Ilowe

Inyoni enkulu enomsindo evame ukutholakala emanzini idla utshani.

Ilowe

Intaka enkulu enengxolo efumaneka ezidolophini nasezixekweni. Ichitha ixesha layo, elininzi ecaleni kwamanzi kwaye litya ikakhulu ingca.

Yellow-billed Duck

Often seen on farm dams, this duck is speckled and has white edges to its wings. It makes a well-known 'quack' when it lands on water.

Geelbekeend

Word dikwels gesien op plaasdamme. Hulle is gespikkeld met rande op hul vlerke. Hulle roep 'n welbekende kwaak uit wanneer hulle op water land.

Idada

Ijwayelekile ukubonakala emadanyini emapulazini inamahlombe amhlophe onqenqemeni. Inomsindo ewenzayo uma ihlala emanzini.

Idada

Linamachokoza lize libe mhlophe kwincam zamaphiko, ixesha elininzi libonakala emadamini asezifama. Xa lingena emanzini likhala lithi ' kwak'.

Cape Vulture

A very large bird that can fly at great heights. It feeds on dead animals and hops about and jumps on other birds to get at the food.

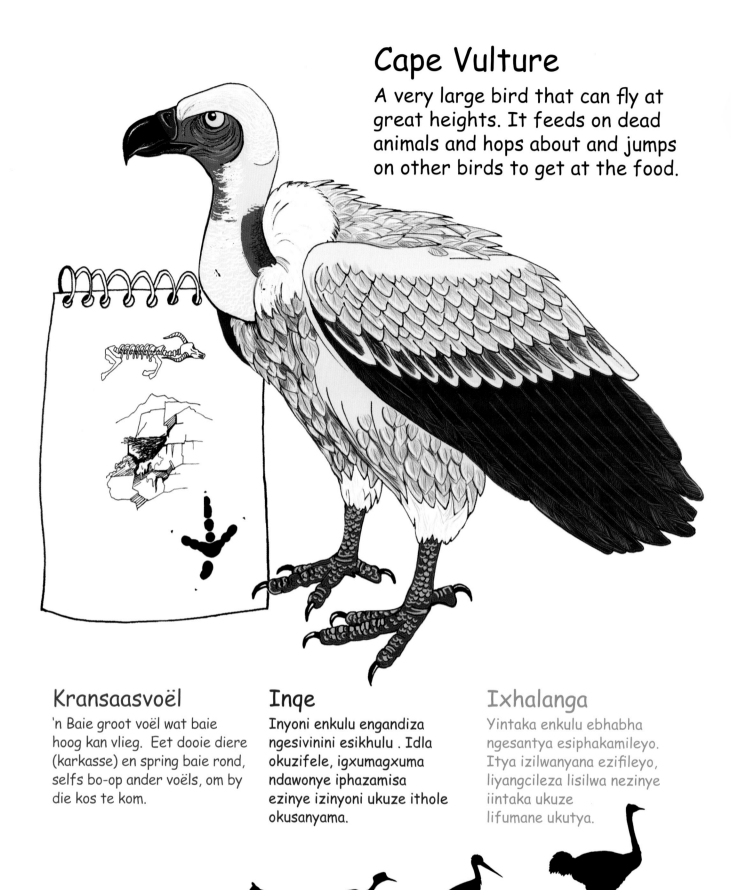

Kransaasvoël

'n Baie groot voël wat baie hoog kan vlieg. Eet dooie diere (karkasse) en spring baie rond, selfs bo-op ander voëls, om by die kos te kom.

Inqe

Inyoni enkulu engandiza ngesivinini esikhulu . Idla okuzifele, igxumagxuma ndawonye iphazamisa ezinye izinyoni ukuze ithole okusanyama.

Ixhalanga

Yintaka enkulu ebhabha ngesantya esiphakamileyo. Itya izilwanyana ezifileyo, liyangcileza lisilwa nezinye iintaka ukuze lifumane ukutya.

African Fish Eagle

Perches in trees near water and swoops down with its talons outstretched to catch its prey, usually fish. It throws its head back when it calls.

Visarend

Sit in bome langs water en duik dan met hulle pote na onder uitgestrek om vis te vang. Gooi hul kop agteroor as hulle roep.

Inkwazi

Ihlala ezihlehleni duze namanzi, ineso elibanzi elibona phakathi emanzini, ithi isuka Indize iyothi gxavu ibamba ufishi.

Unomakhwezana

Uhlala kwimithi ekufutshane namanzi aze aziphose emanzini evule iinzipho ukubamba intlanzi elixhoba.

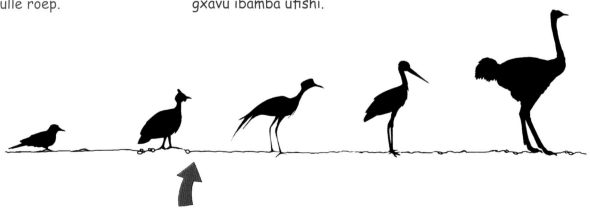

Verreauxs' Eagle

Its wide wings help it soar high on air currents. It lines its large nest with scented leaves to keep away parasites. Dassies are its main prey.

Witkruisarend

Hul breë vlerke help hulle om hoog met die lugstrome te sweef. Hulle voer hul groot neste op kranse uit met gegeurde blare om goggas weg te hou. Jag meestal dassies.

Ukhozi

Linamaphiko abanzi asiza uma lujubalalela phezulu ngomsinga womoya. Liyaye lendlale isidleke salo ngamacembe anephunga elibi ukuxosha izitha ebantwaneni balo.

Ukhozi

Lunamaphiko abanzi alunceda ukuba luntingele phezulu emoyeni. Lwakha indlu enkulu ngamagqabi anukayo ukuze kungasondeli utshaba.

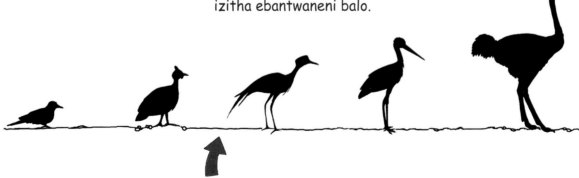

Black-shouldered Kite

A small bird of prey, often seen sitting on telephone poles. It hovers in the air before diving down to catch its prey.

Blouvalk

'n Klein roofvoël wat dikwels gesien word waar hulle op telefoonpale sit. Hulle sweefhang in die lug voordat hulle afduik om prooi, meestal muise, te vang.

Unongwevana

Lena isalukhozana oluncane, ivama ukuhlala ezintanjeni zikagesi nothelefoni ihlola oku Sakudla,idedela amaphiko emoyeni ibukisisa ezokubamba.

Umdlampuku

Yintaka encinane yamaxhoba evamisa ukuhlala kwiipali zefowuni. Indanda emoyeni yandule ukuhla iye kubamba ixhoba.

Rock Kestrel

This kestrel perches on telephone poles, trees and even anthills to watch for prey. When it hunts it hovers in the air, dropping down in stages onto its prey.

Kransvalk

Hierdie valk sit op telefoonpale, bome en selfs mierhope op die uitkyk na prooi. Hulle hang-sweef in die lug wanneer hulle jag vanwaar hulle dan afduik op hulle prooi.

Umathebeni wezintaba

Lo mathebeni uzichwaneka ezigxotsheni zocingo, ezihlahleni nasezidulini ubheke ozokudla. Uma uzingela, uhogela umoya wehlele phezu kwaleyonto ozoyidla.

Intambanane

Ngexa lokuzala inkunzi iba Ihlala kwiingcingo zefowunu nasemithini ukalalela ixhoba. Xa lizingela lindanda emoyeni, lihlele ezantsi ukuya kubamba ixhoba.

Helmeted Guineafowl

One of the best-known South African birds with its black, speckled body, its blue neck and head, and red 'helmet'.

Gewone tarentaal

Een van die bekendste Suid-Afrikaanse voëls met sy swart and wit gespikkelde lyf, blou kop en nek, en rooi horingagtige 'valhelm'.

Impangele

Inyoni edumile yalapha emzansi inomzimba omnyama onamachashazana amhlophe.

Impangele

Yenye yeentaka ezidume kakhulu eMzantsi Afrika inamachokoza amnyama ,intamo kunye nentloko zona ziluhlaza ekwesibhakabhaka inesigcina – ntloko esibomvu.

Common Ostrich

The world's largest bird. It can't fly but can run really fast with its wings outstretched. Males are black and white, and females are dull brown.

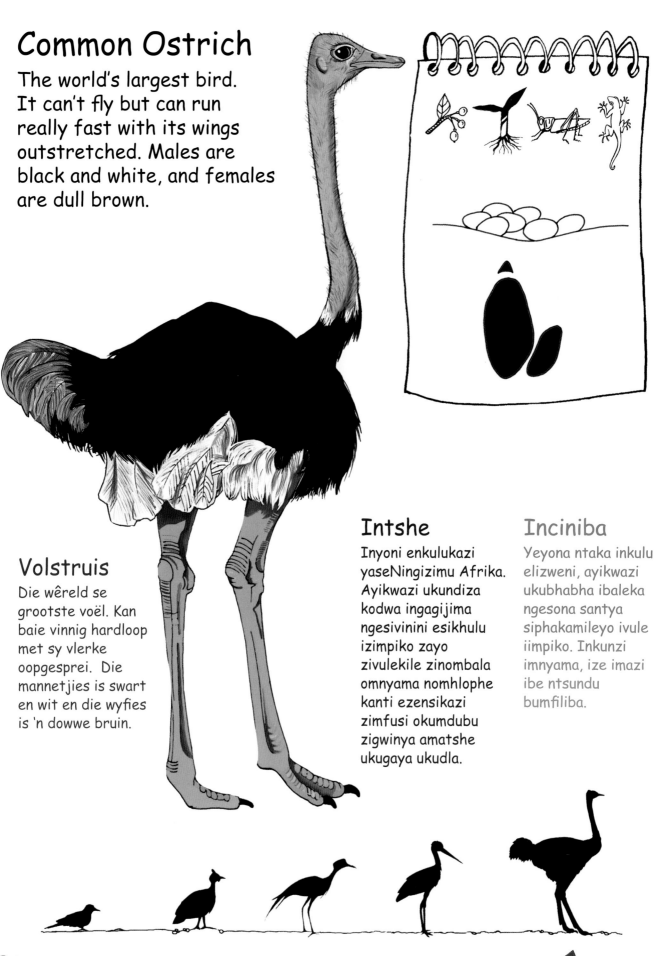

Volstruis

Die wêreld se grootste voël. Kan baie vinnig hardloop met sy vlerke oopgesprei. Die mannetjies is swart en wit en die wyfies is 'n dowwe bruin.

Intshe

Inyoni enkulukazi yaseNingizimu Afrika. Ayikwazi ukundiza kodwa ingagijima ngesivinini esikhulu izimpiko zayo zivulekile zinombala omnyama nomhlophe kanti ezensikazi zimfusi okumdubu zigwinya amatshe ukugaya ukudla.

Inciniba

Yeyona ntaka inkulu elizweni, ayikwazi ukubhabha ibaleka ngesona santya siphakamileyo ivule iimpiko. Inkunzi imnyama, ize imazi ibe ntsundu bumfiliba.

Red-knobbed Coot

Lives on lakes and dams and feeds on frogs, fish, insects and floating plants. Floats higher in the water than ducks do.

Bleshoender

Is meestal op mere en damme en eet insekte, paddas en waterplante. Hulle dryf hoër op die water as eende wat meer wegsak in die water.

Inyoni yamanzi

Inyoni ehlala emadamini idla izitshalo ezintanta emanzini, intanta ukudlula ezinye izinyoni zamanzi.

Unonkqayi

Uhlala emadamini amakhulu utya izityalo ezidada emanzini. Udada kakhulu kunamanye amadada.

Common Moorhen

Spends some of its time swimming, but doesn't have webbed feet like other water birds. Its long yellow toes can be seen dangling when it flies.

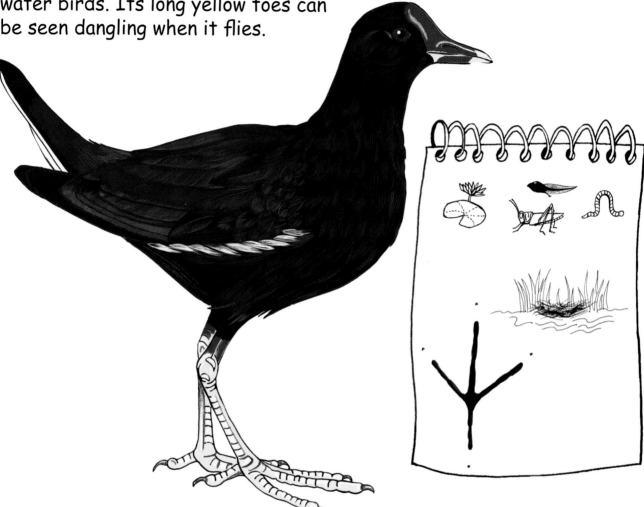

Grootwaterhoender

Swem baie, maar die voete het nie webbe soos ander watervoëls nie. As hulle vlieg kan hulle lang geel tone wat afhang, gesien word.

Inyoni Yasemadengeni

Isikhathi esiningi iyabhukuda ayinalulwembu ezinyaweni njengezinye izinyoni zamanzi, izinyawo ezinde eziphuzi ziyabonakala lapho iqala indiza.

I–Common Moorhen

Ichitha ixesha elininzi emanzini, iinyawo zayo azinanwebu njengezinye iintaka zamanzi. Ungayibona ilengisa iinzwane zayo ezinde ezimthubi xa ibhabha.

African Jacana

Has very long legs and toes for walking over floating water plants and is known as the 'lilytrotter'. The male looks after the chicks and tucks them under his wings when there is danger.

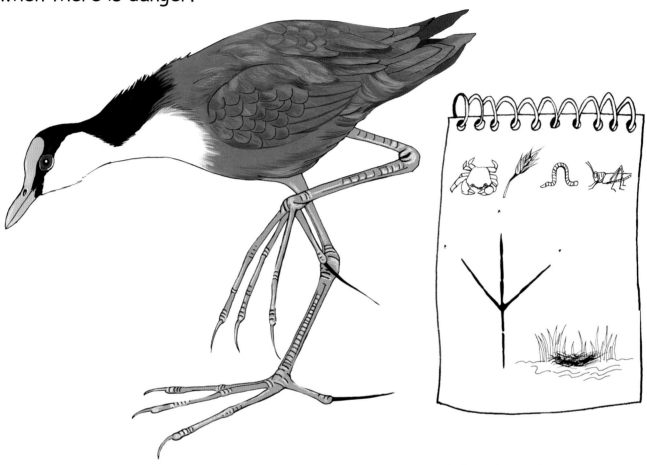

Grootlangtoon

Het baie lang bene en tone sodat hulle op drywende waterplante kan loop. Staan ook bekend as die 'Leliedrawwer'. Die mannetjies versorg en beskerm die kuikens.

Ithandaluzibo

Inemilenze neminwe emide yokuhamba emanzini agelezayo, eyesilisa ivula amaphiko ukuvikela ama-phuphu engozini.

uNondwayiza

Inemilenze neenzwane ezinde zokuhamba kumanzi abalekayo kunye nezityalo zawo ikwabizwa ngokuba 'yithandazibo'. Inkunzi ifaka amantshontsho phantsi keempiko xa kukho utshaba.

Blue Crane

South Africa's national bird, seen in large flocks in open farmlands. Pairs dance and bow to each other during courtship.

Bloukraanvoël

Dit is Suid-Afrika se nasionale voël. Hulle kom in groot swerms op oop grasveld en landerye voor. Paartjies dans en buig voor mekaar tydens hofmakery.

Indwe

Lena inyoni ehlonishwayo kakhulu eNingizimu-Afrika ngoba iluphawu lwesizwe,eyesilisa neyensikazi, ziyasinelana ngokugobelana ngesikhathi sokuqomisana.

Indwe

Yintaka yesizwe soMzantsi Afrika, ibonwa kwimihlambi emikhulu kumhlaba ophangaleleyo wasefama. Abalingane bayadanisa aze omnye athobe komnye ngexesha lokuthandana.

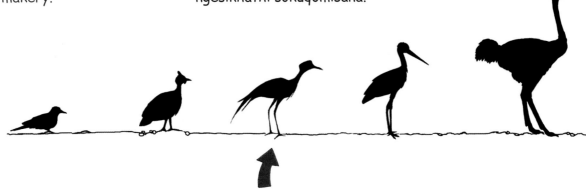

Secretarybird

Easily spotted as it strides through the veld, it kills its prey, usually reptiles or mice, by stamping on them with its feet.

Sekretarisvoël

Word maklik gesien waar hulle penorent deur die veld stap. Hulle trappel prooi, reptiele of muise, met hulle voete dood.

Intinginono

Itholakala kalula izithwayizela etshanini obude, izingela amagundane nezibankwa ngomlomo wayo isebenzisa izinyawo ukubala.

Ingxangxosi

Ibonakala lula kuba ihamba emadlelweni, ibamba amaxhoba ayo (izilwanyana ezirhubuluzayo neempuku) ngomlomo ize iwanyathele ngeenyawo ade afe.

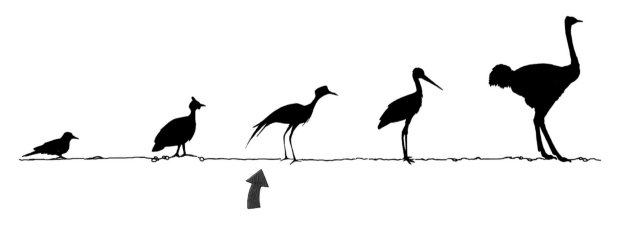

African Black Oystercatcher

Lives at the seaside, and uses its strong bill to open the two halves of mussel shells to reach the soft flesh inside.

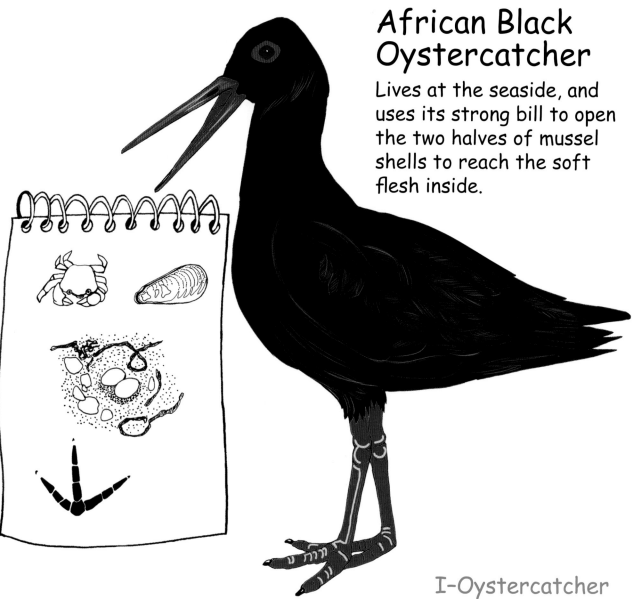

Swarttobie

Kom langs die kus voor en gebruik hul sterk snawels om die twee helftes van 'n mosselskulp oop te breek om sodoende by die sagte vleis van die skulp uit te kom.

Umaqhofoza

Ihlala ogwini lolwandle izingela izimbaza isebenzisa umlomo oqinile ukuvula ingaphakathi lezimbaza ukuthola okusanyama.

I–Oystercatcher emnyama yase–Afrika

Ihlala elwandle kwaye isebenzisa umlomo wayo owomeleleyo ukuvula imbaza ukuze lifumane inyama ethambileyo engaphakathi.

Blacksmith Lapwing

Seen on open ground, it makes a 'klink-klink' sound when threatened. Attacks intruders by dive-bombing them.

Bontkiewiet

Kom op ooptes voor naby water en maak 'n 'klink-klink' geluid wanneer hulle bedreig word. Val indringers aan deur lawaaierig op hulle af te duik.

Indudumela

Ibonakala ezindaweni ezivulekile kanti zanza umsindo ohlabayo. Uma yethuka ihlasela ezinxanteleni ngokuzijikijela ngamakhulu amawala, inezimpiko ezicijile.

Igxiya

Libonwa kumhlaba ophangaleleyo, lenza isandi esithi 'klink klink' xa lisoyika. Lihlasela utshaba ngokuziphasa kulo oku kwebomu.

Kelp Gull

Lives near the sea and is often seen on the beach, looking for food. Known to drop shell-fish from the air to get at the flesh inside.

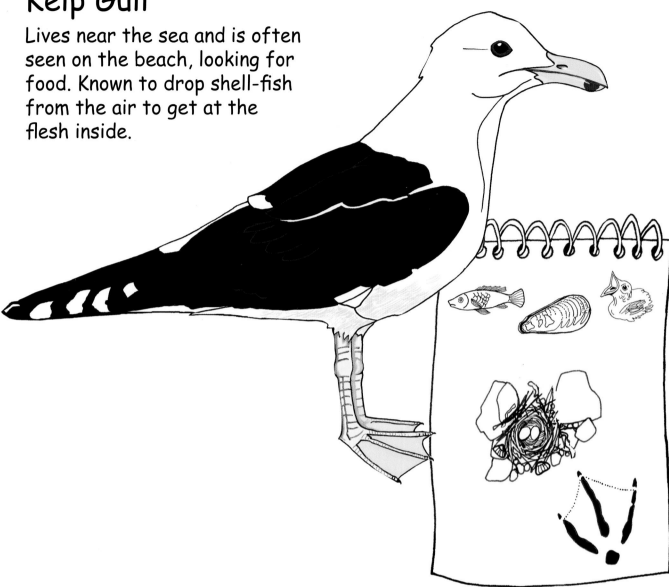

Kelpmeeu

Kom langs die kus voor en word gereeld op strande gesien waar hulle kos soek. Bekend daarvoor om skulpvis vanuit die lug op rotse te laat val om by die vleis in the skulp uit te kom.

Ingaba-ngaba

Ihlala ogwini lolwandle ifuna iminenke, bese iyidedela emoyeni ukuze iphihlike, uvuleke bese ifinyelela ekudleni.

Ingaba-ngaba

Lihlala kufutshane nolwandle lizingela ukutya ngaselunxwemeni. Laziwa ngokuwisa iqokobhe lentlanzi ukuze lifumane inyama engaphakathi.

100

Speckled Pigeon

Lives on rock ledges and also in cities, where it roosts on roofs or the ledges of high buildings.

Kransduif

Leef op kranse sowel as in die stad waar hulle op dakke of op lyste van hoë geboue nes maak.

Ijuba

Ihlala onqenqemeni lwamadwala nasemadolobheni lapho ifukamela.

Ivukuthu

Lihlala emaweni nasezixekweni apho lichopha kumaphahla okanye kungqameko lwezakhiwo eziphakamileyo.

Cape Turtle Dove

Very common everywhere and will visit garden ponds for water as it needs to drink regularly. Its call is a distinctive 'Coo-COO-Roo'.

Gewone tortelduif

'n Algemene voël met 'n kenmerkende 'koe-kooroe'-roep. Hulle besoek tuindammetjies vir water aangesien hulle gereeld water drink.

Ihobhe

Itholakala ezindaweni eziningi ngisho nasezingadini duze namanzi ukuze iphuze.

Ihobe

Lifumaneka kuzo zonke indawo, lithanda amachityana asezigadini kuba lisela amanzi rhoqo.

Grey Go-away-bird

This very alert bird warns other birds or animals if danger threatens by making its well-known 'Kweh' call.

Kwêvoël

Hierdie baie waaksame voël waarsku ander voëls of diere wanneer gevaar naby is deur sy bekende 'Kwe' roep te skel asof om vir die indringers te sê 'Gaan weg'.

Umklewu

Lena inyoni eqaphelisisayo uma kunobungozi bese ixwayisa ezinye izinyoni, ngokubelesela ngephimbo layo ithi- 'Baleka' ngokuphindaphinda.

I-Grey Go-Away-Bird

Le ntaka ihlakaniphe kakhulu ilumkisa ezinye iintaka nezilwanyana xa utshaba lusondele ngesikhalo sayo esaziwayo esithi 'mkani'.

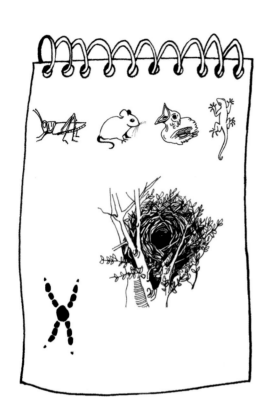

Burchell's Coucal

Known as the 'rainbird'. Its call sounds like 'doo-doo-doo-doo-doo-doo' and is heard before and after it rains. It is a very shy bird and creeps about in thick bushes or shrubs. It suns itself in the early morning.

Gewone Vleiloerie

Ook reënvoëls genoem, omdat hulle 'doedoedoedoe' roep, baiekeer net voor en net ná 'n reënbui. Hulle is baie skugter voëls wat in digte bosse en struike rondklouter en vroegoggend uitkom om in die son te wees.

Ufukwe

Le nyoni yezulu yenza umsindo othi mawufane nothi 'doo-doo-doo-doo-doo-doo' kanti izwakala ngaphambi kokuna kwezulu nasemva kokuna kwalo. Inyoni enamahloni kanti icasha ezihlahleni ezicinene. Ekuseni iyaphuma ithamele ilanga.

Ubikhwe

Ibizwa nangokuba yintaka yemvula. Xa ikhala ithi 'doo-doo-doo-doo-doo-doo' yaye idla ngokuvakala emva naphambi kwemvula. Iyintaka engathandi kubonwa yaye ufika ithubeleza phakathi kwamahlahla. Ithanda ukungcakamela ilanga lakusasa.

Barn Owl

Rests by day in a place that's quiet and dark, and hunts for small rodents at night.

Nonnetjie-uil
Rus gedurende die dag in stil en donker plekke. Hulle jag snags op klein knaagdiere.

Isikhova
Ihlala endaweni enokuthula emini, ebusuku izingela amagundane.

Isikhova
Emini siphumla kwindawo ezolileyo nemnyama, size siphume sizingele amaxhoba aso ebusuku.

Speckled Mousebird

Climbs and scampers about in trees and shrubs in search of food. It has a long tail.

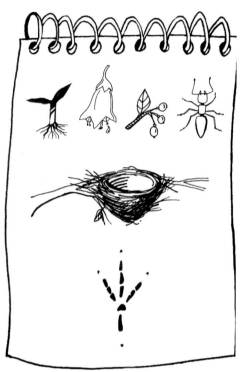

Gevlekte muisvoël

Klouter in bome en struike rond op soek na blomme en vrugte om te eet. Hy het 'n lang stert.

Indlanzi

Indiza emahlokozini futhi inomsila omude njenge gundane.

Indlazi

Ikhwela ihle inyuka emithini ifuna ityatyambo neziqhamo ukuze itye, inomsila omde oku kwempuku.

Pied Kingfisher

Hovers over water at dams and rivers and dives down to catch fish; it then beats the fish against a branch before swallowing it.

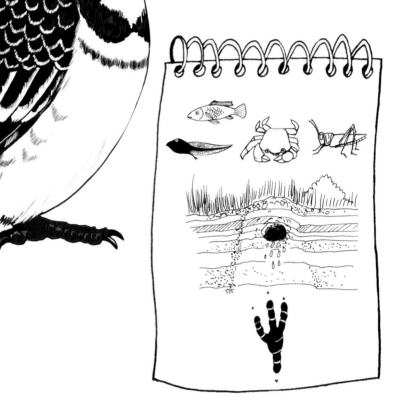

Bontvisvanger

Sweefhang oor oop water soos damme en riviere, duik dan af om vis te vang en slaan dan die vis teen 'n tak dood en om dit sag te maak voor hy dit insluk.

Isivuba

Indiza imi ndawonye phezu kwamanzi bese itshuza ukubamba inhlanzi. Ngaphambi kokuyigwinya uyishaya egatsheni/ogodweni ize ife.

Isaxwila

Sindanda phezu kwamanzi emadamini nasemilanjeni size sintywile ukubamba intlanzi, siyibethekise kumasebe ide ife phambi kokuba siyitye.

White-fronted Bee-eater

A pretty bird that lives in wooded areas near water. It feeds on flying insects, particularly bees or wasps.

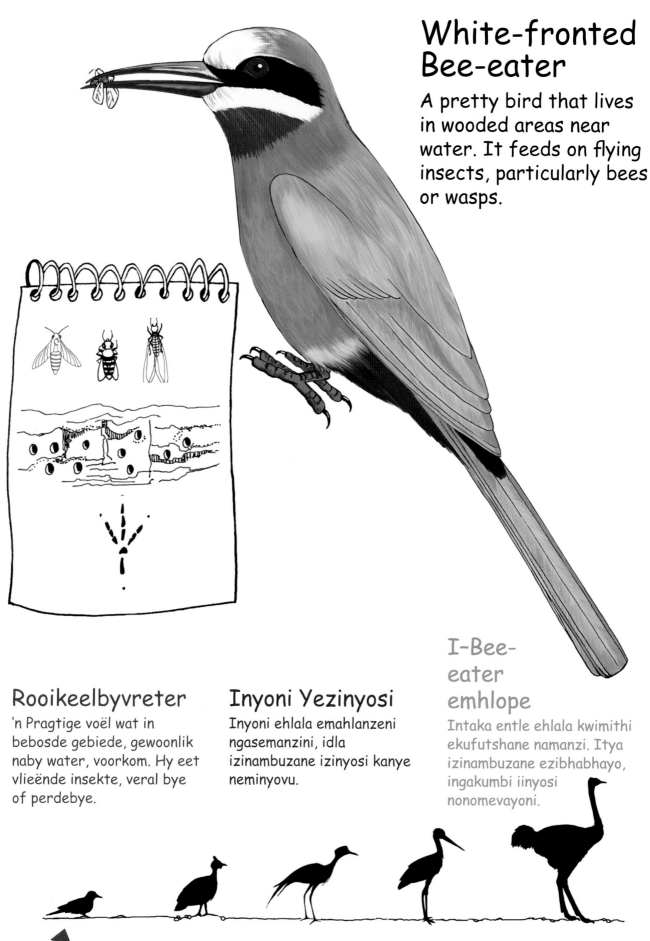

I-Bee-eater emhlope

Intaka entle ehlala kwimithi ekufutshane namanzi. Itya izinambuzane ezibhabhayo, ingakumbi iinyosi nonomevayoni.

Rooikeelbyvreter

'n Pragtige voël wat in bebosde gebiede, gewoonlik naby water, voorkom. Hy eet vlieënde insekte, veral bye of perdebye.

Inyoni Yezinyosi

Inyoni ehlala emahlanzeni ngasemanzini, idla izinambuzane izinyosi kanye neminyovu.

Lilac-breasted Roller

A colourful bushveld bird that shows off its feathers in its looping, rolling flight. Often seen perched on telephone wires.

Gewone troupant

'n Bosveldvoël wat sy kleurvolle vere vertoon tydens sy draaiende en rollende pronkvlug. Word baie op telefoondrade gesien.

Ifefe

Inyoni emabalabala yasehlanzeni ibonakalisa imibala yayo ngokundiza iphenduphenduka. Ivamisile ukubonakala kolayini bezincingo.

I-Lilac-breasted Roller

Intaka yamatyholo enemibala, ungayibona indanda ijikajika ukubonisa ngeempiko zayo. Ivamise ukuhlala kwiingcingo zefowuni.

Southern Yellow-billed Hornbill

This bushveld bird has a very noisy call. When nesting, the female is sealed inside a tree cavity and is fed by the male through a small hole.

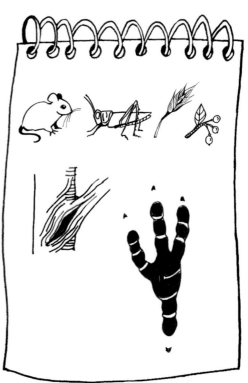

Geelbekneus-horingvoël

Hierdie bosveldvoël het 'n baie raserige roep. As hulle broei word die wyfie binne-in 'n boomholte toegebou met modder, terwyl die mannetjie haar deur 'n gleufie voer.

Umkholwane

Inyoni yasehlanzeni enomsindo kakhulu. Uma izalela eyesifazane ivaleleka esihlahleni yondliwe ngeyesilisa ngembobo encane.

I-Hornbill yase-Mazantsi enomlomo omthubi

Lentaka yamatyholo inengxolo kakhulu. Xa ifukama imazi itywinelwa ngaphakathi emngxunyeni womthi ize inkunzi iyityise kumngxunyana omncinane.

African Hoopoe

A common garden bird that nods its head up and down as it probes the ground with its long bill, looking for food.

Hoephoep

'n Algemene tuinvoël wat sy kop op en af knik terwyl hy sy lang snawel in die grond druk op soek na kos.

Unukani

Inyoni ejwayelekile ekhonze ukunqekuzisa ikhanda icinga ukudla emhlabathini ngomlomo wayo omude.

Ubhobhoyi

Intaka yegadi enqwala intloko xa iphanda ukutya emhlabeni ngomlomo wayo omde.

Crested Barbet

Nests in holes in dead tree trunks or in artificial nests. Often seen cleaning its bill after feeding.

Kuifkophoutkapper

Maak nes in gate in dooie boomstamme of nagemaakte neste. Word dikwels gesien terwyl hulle hul snawels skoonmaak nadat hulle geëet het.

Inqondaqonda

Izalela emgodini nasezigodweni ezinamathele emithini. Iyathanda ukuhlanza umlomo emuva kokudla.

I-Crested Barbet

Yakha indlu yayo kwiziqu zemithi oyomileyo okanye kwizigodo ezibotshelelwe emithini. Icoca umlomo rhoqo wayo emva kokutya.

Cardinal Woodpecker

Taps on the bark of trees looking for insects, which it digs out with its long tongue. It nests in holes in dry tree trunks.

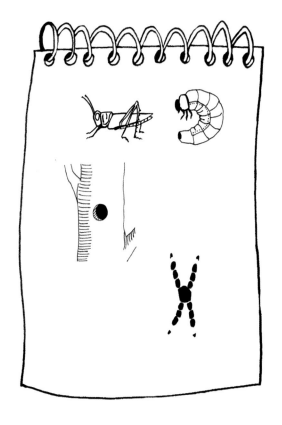

Kardinaalspeg

Kap teen die bas van 'n boom op soek na insekte wat hulle dan met hul lang tonge uitgrawe. Hulle maak hul neste in holtes in droë boomstamme.

Isiqophamithi

Imba amagxolo esihlahleni ngomlomo ifuna izinambuzane izimunca ngolimi. Izalela ezingoxini zezihlahla.

Isinqolamthi

Sizingela izinambuzane kumaxolo emithi sizibambe ngolwimi lwaso olude. Sakha indlu yaso kwiziqu zemithi oyomileyo.

Barn Swallow

Seen only during our summer as it returns to Europe in the winter. It catches and eats insects in flight.

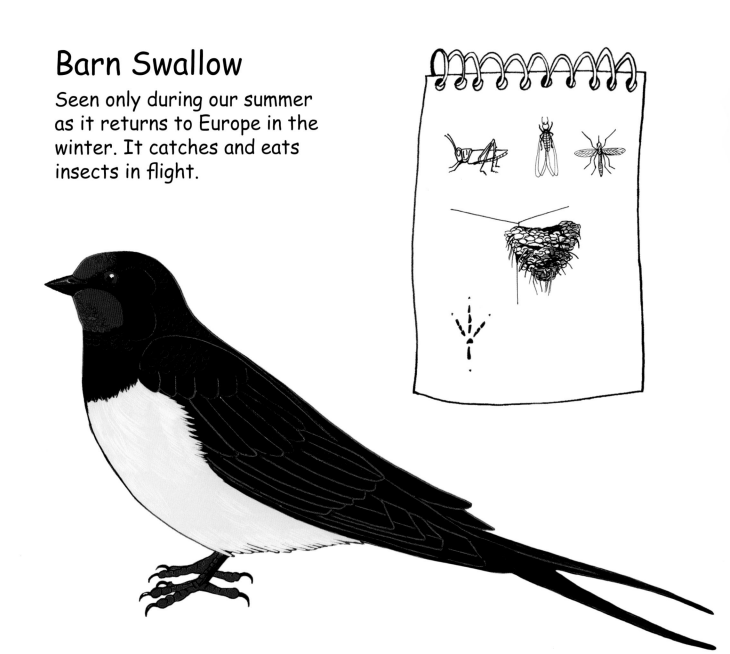

Europese swael

Word net in die somer in Suid-Afrika gesien omdat hulle voor die winter na Europa trek om te broei. Hulle vang en eet insekte in vlug.

Inkonjane

Ibonakala ngesikhathi sasehlobo ivela eUK. Ibamba idle izinambuzane ibe indiza.

Inkonjane

Zifika ehlotyeni apha eMzantsi Afrika zivela eYurophu. Zibamba zitye izinambuzane ngexa zibhabha. Zihla zingumhlambi kwiingcingo zefowuni.

Fork-tailed Drongo

Easy to identify by the deep 'V' in its tail, it can be aggressive and will dive-bomb birds that threaten it.

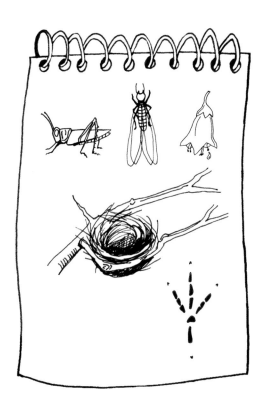

Mikstertbyvanger

Maklik om uit te ken aan die diep 'V'-vurk in sy stert. Hulle kan agressief wees en sal op ander voëls afduik wat hulle bedreig.

Intengu

Kulula ukuyibona ngomsila omise okuka-V, ayinanhlonipho kwezinye izinyoni, ivele iziphonse ngamawala amakhulu ukwethusa lokho okuyethusayo nayo.

Intengu

Kulula ukuyahlula ngomsila omile oku kuka 'V', ihlasela utshaba lwayo ngokuziphosa oku kwebomu.

Pied Crow

A clever, but noisy bird that has adapted to living in cities. It nests in trees and sometimes in manmade structures and is good at imitating human voices.

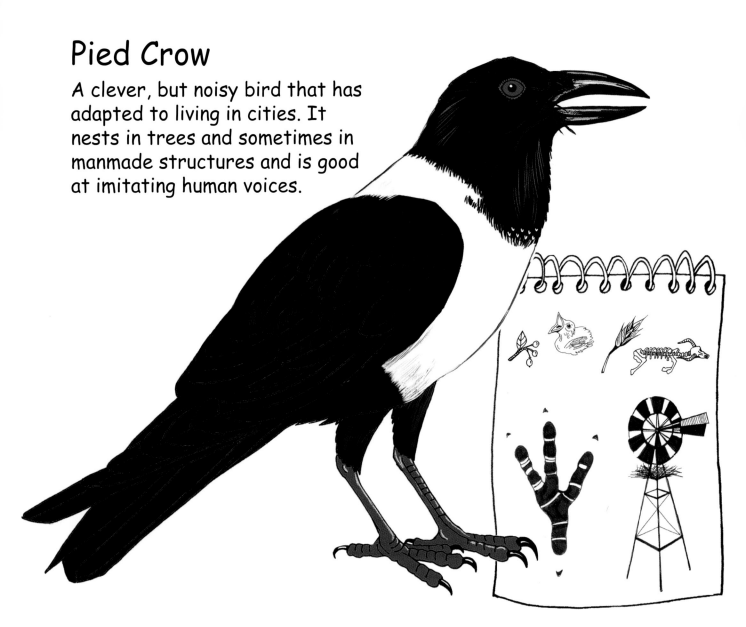

Witborskraai

Slim, maar lawaaierige voëls wat geleer het om in dorpe en stede te woon. Maak nes in bome en soms in mensgemaakte strukture, soos geboue. Hulle kan mense se stemme goed namaak.

Igwababa

Inyoni enobuhlakani uyithola nasemadolobheni emigwaqeni igcogcoma nomsindo wayo oshiso okwesikhukhukazi esinamachwane, ibekela ukudla ezigxotsheni zocingo noma ezihlahleni.

Ingwangwa

Ihlakaniphile kwaye inengxolo, ithanda ukuhlala ezixekweni. Yakha indlu yayo kwiipali zefowuni okanye emithini. Ikwazi kakhulu ukulinganisa amazwi abantu.

African Red-eyed Bulbul

Lives in gardens and open bush. Dive-bombs predators when alarmed or frightened.

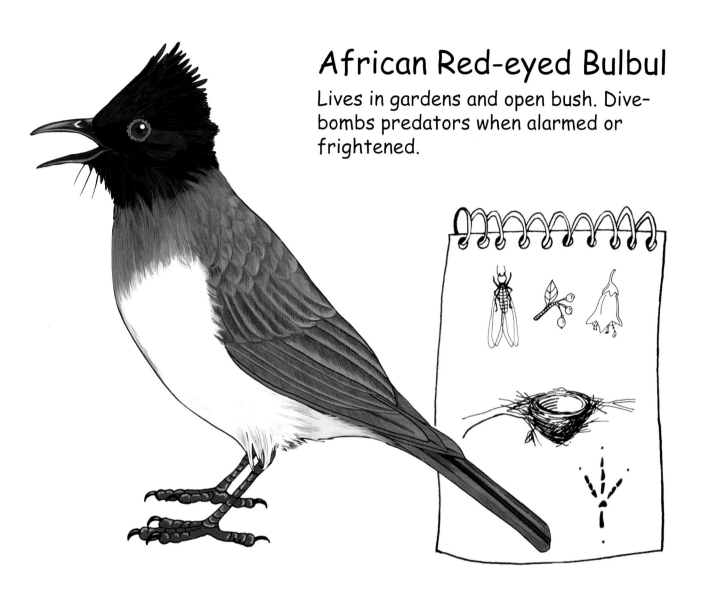

Rooioogtiptol

Woon in tuine en in die oop bosveld. Duik op aanvallers af as hulle bedreig word.

Inyoni yasendulo

Ihlala ezingadini nasemahlathini aseduze namanzi, iyaziphonsa uma kukhona okuyethusayo ukuxwayisa ezinye.

I-Bull-bull enamehlo abomvu yaseAfrika

Ihlala egadini nakwihlathi eliphangaleleyo ithanda ukuba secaleni kwamanzi, iyaziphosa ukuhlasela utshaba xa isoyika.

Olive Thrush

Often seen in gardens and parks, alone or in pairs. Hops along the ground, pecking under leaves and bushes for food.

Olyflyster

Word gereeld in tuine en parke gesien. Kom enkel of in pare voor. Hop op die grond rond terwyl hulle blare omkeer op soek na kos.

Umunswi

Itholakala ezingadini naseziqiwini, ziba ngazimbili, zigxumagxuma phansi ziphequlula phansi kwamahlamvu zifuna imisundu ukuba zidle.

Umswi

Udla ngokubonwa egadini nakwiipaka uwodwa okanye ngazibini. Ungcileza emhlabeni ucholachola ukutya phantsi kwamagqabi nasematyholweni.

Cape Robin-Chat

A common garden bird that hops about under shrubs looking for insects.

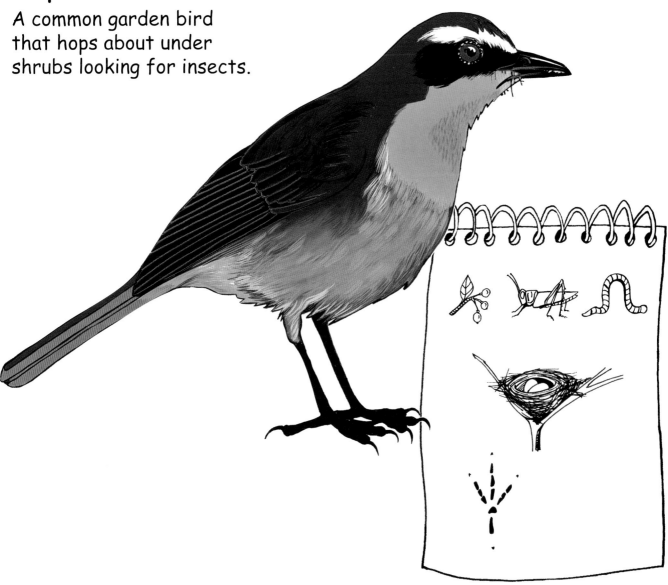

Gewone Janfrederik

Algemene tuinvoëls wat onder bossies rondskarrel op soek na insekte.

Ugaga

Inyoni eyejwayelekile etholakala igxumagxuma phansi kwezihlahla ifuna izinambuzane, itshikizisa umsilana wayo uma ihlala.

Ugaga

Intaka eqheleke ingcileza egadini phantsi kwamatyholwana ifuna izinambuzane. Ibethanisa iimpiko ize ithi saa umsila xa ihlala emhlabeni.

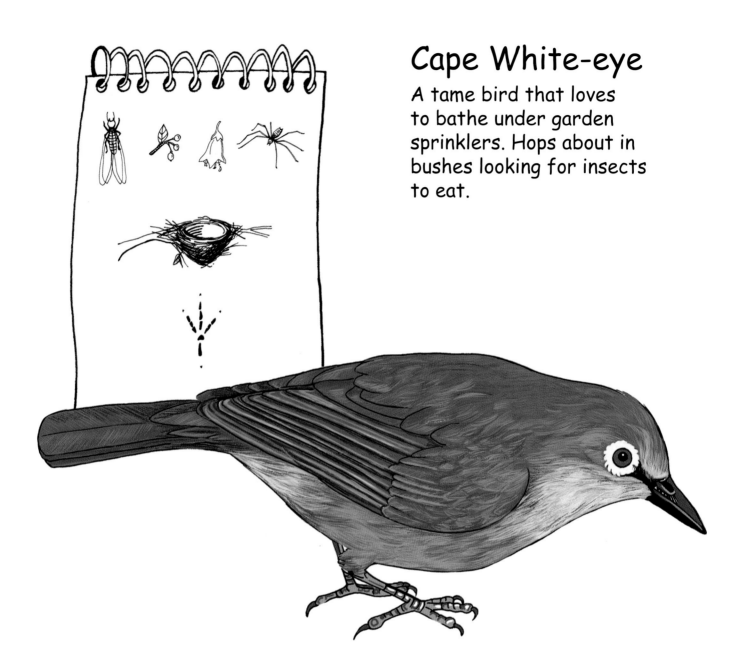

Cape White-eye

A tame bird that loves to bathe under garden sprinklers. Hops about in bushes looking for insects to eat.

Kaapse glasogie

'n Klein voëltjie wat baie mak kan word en lief daarvoor is om onder tuinsproeiers te bad. Spring rond tussen die blare van struike op soek na insekte om te eet.

Umehlwana

Inyoni engenaluvalo itholakala izibhukudela ezindaweni ezinamanzana, ihlale ezihlahleni ifuna izinambuzane.

Intukwane

Intaka embuna ethanda ukuhlala phantsi kwamanzi afefeza egadini. Ingcileza ematyholweni izingela izinambuzane ukuze itye.

Cape Wagtail

Known as the 'willy wagtail', it is common in gardens. It wags its tail up and down while walking and especially just after landing.

Gewone kwikkie

Ook bekend as 'n 'Kwikstertjie' en kom algemeen in tuine voor. Hulle wip hulle sterte op en af terwyl hulle loop, veral nadat hulle op die grond geland het.

Umvemve

Lona ngu Mvemve uyithola ezingadini itshikizisa umsila wayo phansi naphezulu. Ikakhulu uma iqeda uku-hlala phansi.

Umcelu

Waziwa ngokuba ngu'mcelu-mvemve' uqheleke ezigadini itshikiza umsila iwusa phantsi naphezulu xa uhamba ingakumbi xa usandula uku-hlala emhlabeni.

Common Fiscal

Known as a 'jackie hangman' because it impales its prey, such as insects or lizards, on sharp twigs or thorns.

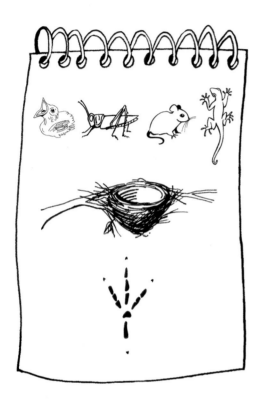

Fiskaallaksman

Ook bekend as die 'Laksman' omdat hulle hul prooi, soos insekte of akkedisse, aan skerp dorings of takkies ophang.

Ilunga

Yaziwa ngomaphipha ethutha ephelezela, ngoba iqoqa ukudla kwayo ikuchoma etshanini obucijile nasezintini lapho izibekela khona.

Inxanxadi

Laziwa njengo 'mxhomi' kuba lihlaba ixhoba layo (izinambuzane namacikilishe) kumasetyana anameva.

Bokmakierie

A brightly coloured bird that sings beautifully in duet with its partner. Chicks learn to sing by copying their parents.

Bokmakierie

'n Helderkleurige voël wat pragtig saam met sy maat in duet sing. Kleintjies leer om te sing deur hul ouers na te boots.

Inkovu

Inyoni enombala ogqamile ecula kamnandi zingambili. Ifunda ngokulingisela Abazali bazo.

Ingqwangi

Intaka enemibala eqaqambileyo ecula kamnandi nomlingane wayo. Amantshontsho afunda ukucula ngokulinganisa abazali bawo.

Cape Glossy Starling

This dark bird has a glossy
blue-green sheen in the sunlight.
It is often seen in gardens.

Kleinglansspreeu

Hierdie donker voëls is blink
blou-groen in die sonlig. Word
dikwels in tuine gesien.

Ikhwezi

Inyoni ensundu ecwazimula
umbala oluhlaza
nosasibhakabhaka lapho
ikhanyiswa yilanga, ivame
ezingadini, iyaye yendlale
isidleke sayo ngesikhumba
senyoka.

Inyakrila

Lentaka emdaka ekhazimla
luhlaza xa iselangeni.
Ifumaneka ezigadini yakha
indlu yayo ngemfele zenyoka.

Common Myna

This bird was first brought to South Africa from India as a cagebird. It is now common and is sometimes regarded as a pest.

Indiese Spreeu

Hierdie voël is aanvanklik uit Indië na Suid-Afrika gebring as hokvoëls. Hulle kom nou algemeen voor en word as 'n plaag beskou.

Umhluthi

Lenyoni yavela kwelase-Ndiya sezikhona ziningi manje.

I–Common Myna

Lentaka ifike apha eMzantsi Afrika ivela eIndiya. Ngoku iqhelekile kwaye ngamanye amaxesha ingumtshabalalisi.

125

Red-billed Oxpecker

Clings to the fur of animals with its sharp claws to pick off ticks and flies. It uses hair from kudu and other animals to line its nest.

Rooibek-renostervoël

Klou aan die pels van diere vas met hulle skerp kloue om bosluise en vlooie te vang en te eet. Hulle gebruik die hare van diere soos koedoes om hulle neste daarmee uit te voer.

Ihlalanyathi

Ihlala inamathele eboyeni bezilwane zasendle ifuna amazeze nezimpukane, ukwendlala isidleke sayo isebenzisa isikhumba seNyala.

Ihlalanyathi

Inamathela kuboya bezilwanyana ezinje ngeqhude ukususa amakhalane kunye neempukane Yakha indlu yayo ngenwele zeqhude nezezinye izilwanyana.

126

Amethyst Sunbird

Mostly seen sitting on flowers probing with its long bill into the flower to collect nectar. Uses spider webs to build its nest.

Swartsuikerbekkie

Meestal gesien terwyl hulle op blomme sit en hulle snawels in druk om nektaar te eet. Gebruik spinnerakke om hulle neste mee te bou.

Incwincwi

Ivame ukuhlala ezimbalini ishutheka umlomo wayo ocijile imunca uju lwezimbali, isebenzisa ubulwembu ukwakha isidleke.

Ingcungcu

Ikakhulu ibonwa ihleli kwiintyatyambo ifake umlomo wayo omde ukuqokelela incindi yazo. Yakha indlwana yayo ngendlu yesigcawu.

Cape Sparrow

Known as a 'mossie', it is seen in most gardens and on farms where it gathers in groups at grain silos.

Gewone mossie

Staan ook bekend as 'n 'mossie' en word algemeen in tuine en op plase gesien waar hulle soms in swerms by graansilo's bymekaar kom.

Undlunkulu

Yaziwa njenge 'mossie' zibonakala ezingadini zingamaqoqo emapulazini lapho kunamabhanga otshani obubekelwe izinkomo.

Undlunkulu

Waziwa 'ngobulembu' ubonwa kakhulu ezigadini nasezifama apho uqokelelana ngamaqela kwiziselese zamafula.

Southern Masked-Weaver

Male birds weave nests from grass and strips of palm fronds. Often the nests are built to hang over water. If the female accepts the nest, she lays her eggs in it.

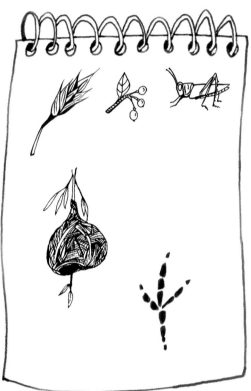

Swartkeelgeelvink

Mannetjies weef nessies met gras en palmblaarstroke, baie keer aan takkies oor water. As die wyfie tevrede is met die nes, sal sy haar eiertjies daarin lê.

Ihlokohloko

Izinyoni zesilisa zakha isisdleke ngotshani namaqabunga emithi zibonakala ngasemfuleni zilengela khona, uma sisihle eyesifazane iyasemukela ibekele khona amaqanda.

Ihobo-hobo

Inkunzi yakha indlwana ngengca nangamagqabi, kwaye isoloko ibonwa phezu kwamanzi. Xa imazi iye yayithanda indlu leyo izalela kuyo amaqanda.

Southern Red Bishop

Males are bright red in summer and after building their nests they puff up their feathers to display and show off to other birds by sitting on the tops of reeds and bulrushes. Their nests are well hidden.

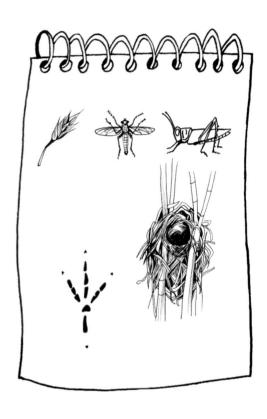

Rooivink

Die mannetjies is helderrooi in die somer. Nadat hulle hul neste gebou het, pronk hulle met opgepofte vere bo-op riete en biesies. Hulle versteek hul neste baie goed.

Intakansinsi

Ezesilisa ziyakhanya ngokubomvu ehlobo kanti emva kokwakha izidleke zazo zikhukhumeza izinsiba zazo zibukise kwezinye izinyoni ngokuba zihlale phezulu emhlangeni. Izidleke zazo zifihlekile.

Intakomlilo

Iinkunzi ziba bomvu okuqaqambileyo ehlotyeni yaye emva kokwakha iindlwane zazo ziphakamisa amaphiko ukuze zibonwe zezinye iintaka ngokuhlala phezulu kwiingcingolo okanye iinqoboka. Iindlwane yayo iyayifihla.

Long-tailed Widowbird

When breeding, the male develops a long, floppy tail and shows off to the female by flying close to the ground.

Langstertflap

Tydens broeityd ontwikkel die mannetjie 'n lang stert en probeer hy om die wyfie te beïndruk deur naby die grond te vlieg.

Isakabuli

Uma kuyisikhathi sokuzalisa iba nomsila omude eyenduna ukuheha eyensikazi ngokundizela phansi.

Ujobela

Ngexa lokuzala inkunzi iba nomsila omde obhatyubhatyu ukuze ibonise kwiimazi ngokuthi ibhabhele kufutshane emhlabeni.

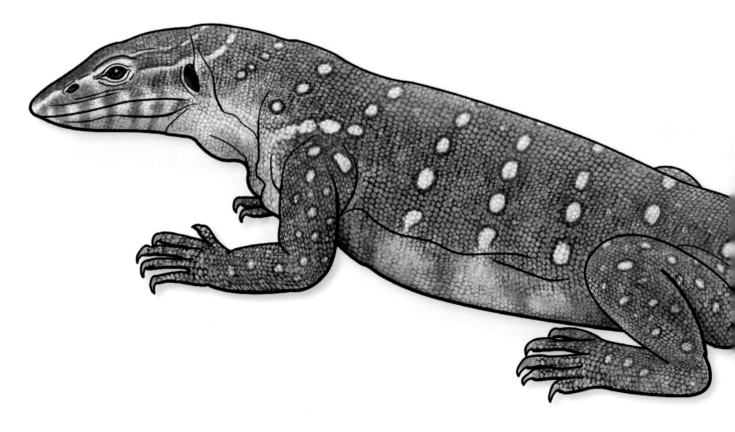

Reptiles

Reptiele

Izilwane ezihuquzelayo

Izilwanyana ezirhubuluzayo

There are more than 500 types of reptile in southern Africa. In this book will help you to recognise some of them. You may see them on walks in nature areas or parks, perhaps even in your garden.

Daar is meer as 500 reptielsoorte in Suider-Afrika. Dié boek sal jou help om sommige van hulle uit te ken. Jy sal hulle dalk sien as jy in natuurgebiede of parke stap, en miskien sal jy selfs van hulle in jou tuin sien.

Kunezinhlobo zezilwane ezihuquzelayo ezingaphezu kwama-500 e-Afrika eseNingizimu. Le ncwadi izokusiza ukuthi ukwazi ukubona ezinye zazo. Ungazibona lapho uzihambela ezindaweni zezemvelo noma emapaki, mhlawumbe ungaze uthole ezinye zazo engadini yakho.

Kukho iintlobo zezirhubuluzi ezingaphezu kwe-500 kwiAfrika esemazantsi. Le ncwadi iza kukunceda uzazi ezinye zazo. Usenokuzibona xa uhamba kwiindawo zendalo okanye imiyezo, mhlawumbi ezinye zazo uza kuzibona kwigadi yakho.

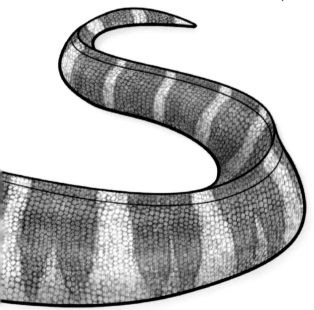

Introduction Inleiding Isingeniso Intshayelelo

Three main reptile groups
Drie hoofgroepe reptiele   Amaqoqo aphambili ezilwane ezihuquzelayo
Amaqela aphambili ezirhubuluzi

1. Snakes and lizards
Slange en akkedisse   Izinyoka Nezibankwa   IiNyoka namaCilikishe

Snakes and lizards have bodies that are covered in rows of scales. Snakes are really lizards without legs. Lizards with legs include geckos, chameleons, skinks and agamas. Some burrowing lizards have very small legs, or no legs at all.

Slange en akkedisse het 'n liggaam wat met rye skubbe bedek is. Slange is in werklikheid pootlose akkedisse. Akkedisse met pote is onder andere geitjies, verkleurmannetjies, skinke en koggelmanders. Sommige grawende akkedisse het baie klein pote of geen pote nie.

Izinyoka nezibankwa zinemizimba eyembozwe ngamazegece alandelanayo. Izinyoka empeleni ziyizibankwa ezingenamilenze. Izibankwa ezinemilenze zibandakanya izigcilikisha, izinwabu, ama-skink nama-agama. Ezinye izibankwa ezimba emhlabathini zinemilenze emincane kakhulu noma azinayo nhlobo imilenze.

Iinyoka namacilikishe zinemizimba eyambathiswe ngamaxolo. Iinyoka okunene ngamacilikishe angenamilenze. Amacilikishe anemilenze aquka amaqungequ, amalovane, ii-skink nee-agama. Amanye amacilikishe emba umngxuma emhlabeni anemilenze emincinane gqitha, okanye akanamilenze konke konke.

2. Shelled reptiles

Reptiele met doppe   Izilwane Ezihuquzelayo Ezinamagobongo
Izirhubuluzi Ezinamaqokobhe

  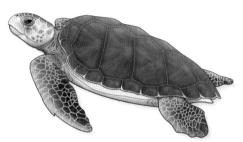

Tortoises, terrapins and turtles all have bodies that are covered in a hard shell. They pull their head and legs into their shell when danger threatens.

Skilpaaie, water- en seeskilpaaie het almal 'n lyf wat met 'n harde dop bedek is. Hulle trek hul kop en pote terug in die dop wanneer gevaar dreig.

Izimfudu, ama-terrapin nezimfudu zasemanzini zonke zinemizimba eyembozwe yigobolondo eliqinile. Zidonsela ikhanda nemilenze yazo egobolondweni lazo lapho kubonakala kunengozi.

Oofudo, oofudo bamanzi noofudo baselwandle bonke banemizimba egubungelwe ngeqokobhe eliqinileyo. Xa kukho isisongelo sengozi basonga intloko nemilenze yabo bayifake eqokobheni.

3. Crocodile

Krokodil   Ingwenya   Ingwenya

This is a very large creature with a heavy tail and a big mouth. The Nile crocodile is the only crocodile found in southern Africa.

Dit is baie groot reptiele met 'n swaar stert en 'n groot bek. Die Nylkrokodil is die enigsste krokodil wat in Suider-Afrika voorkom.

Lesi yisidalwa esikulu kakhulu futhi zinomsila osindayo kanye nomlomo omkhulu. Ingwenya yaseNile ingukuphela kwengwenya etholakala e-Afrika eseningizimu.

Ezi zizidalwa ezinkulu kakhulu kwaye zinomsila onzima kunye nomlomo omkhulu. INgwenya yomNayile kuphela koxam ofumanekayo kwi-Afrika esemazantsi.

Types of snakes

Soorte slange   Izinhlobo Zezinyoka   Iintlobo zeeNyoka

Most snakes are harmless to humans. Many snakes help to control pests on farms and in gardens. Some snakes use venom (poison) to kill their food. The venom of some snakes is strong enough to kill a child or an adult. Not all snakes produce venom, but they can still give a very painful bite. Venom is injected through special teeth, called fangs, which may be at the back or front of the mouth. Adders (vipers) have very long fangs that are hinged and fold back into the roof of the mouth when not in use.

Die meeste slange is onskadelik vir die mens. Baie slange help om plae op plase en in tuine te beheer. Sommige slange gebruik gif om hul prooi dood te maak. Sommige se gif is sterk genoeg om 'n kind of 'n grootmens dood te maak. Nie alle slange produseer gif nie, maar hulle kan steeds baie seer byt. Die gif word in kliere in die slang se kop geproduseer; dit word deur spesiale slagtande ingespuit. Die slagtande kan voor of agter in die bek wees. Sommige slange, bekend as adders, het baie lang slagtande wat kan skarnier en teen die verhemelte terugvou wanneer hulle nie gebruik word nie.

Iningi lezinyoka azinabungozi ebantwini. Iningi lezinyoka lisiza ukulawula izilwane eziluhlupho emapulazini nasezingadini. Ezinye izinyoka zisebenzisa isihlungu (ushevu) ukubulala ukudla kwazo. Isihlungu sezinye izinyoka sinamandla ngokwenele ukuthi singabulala ingane noma umuntu omdala. Akuzona zonke izinyoka ezikhipha isihlungu, kepha ziyakwazi ukuthi zilume kabuhlungu impela. Isihlungu sikhishwa ezindlaleni ezisekhanda lenyoka, sifakwe ngamazinyo akhethekile, abizwa ngokuthi izinzawu. Lezi zinzawu zingaba semuva noma ngaphambili emlonyeni. Ezinye izinyoka, okuthiwa amabululu noma izindlondlo, zinezinzawu ezinde kakhulu ezinamahinji nezigoqekela emuva zihlale ophahleni lomlomo lapho zingasebenzi.

Uninzi lweenyoka alunabungozi ebantwini. Uninzi lweenyoka luluncedo ekulawuleni izinambuzane kwiifama nasezigadini. Ezinye iinyoka zisebenzisa ubuhlungu (ityhefu) ukuze zibulale into eziyityayo. Ubuhlungu bezinye iinyoka bunamandla ngokwaneleyo ukubulala umntwana okanye umntu omdala. Ubuhlungu buveliswa ngamadlala akwintloko yenyoka; butofelwa ngamazinyo akhethekileyo, ekuthiwa ngamabamba. La mabamba asenokuba ngasemva okanye ngaphambili emlonyeni. Ezinye iinyoka, ekuthiwa ngamarhamba, zinamabamba angathi aneehenjisi nathi asongeke enkalakahleni xa engasetyenziswa. Ayizizo zonke iinyoka ezivelisa ubuhlungu, kodwa sekunjalo kungabuhlungu gqitha ukulunywa yinyoka.

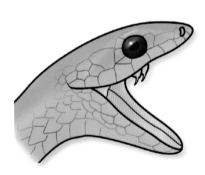

The Boomslang has back fangs.

Die Boomslang het agtertande.
Inyoka yasesihlahleni inezinzawu ezingemuva.
Inyoka yomthi inamabamba angasemva.

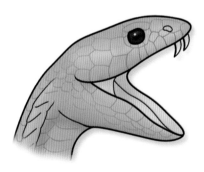

The Cobra has front fangs.

Die Kaapse kobra het voortande.
Imfezi yakwelaseKapa inezinzawu ezingaphambili.
Umdlambila unamabamba angaphambili.

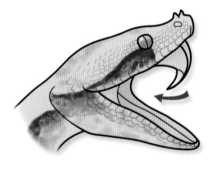

The Gaboon Adder has hinged front fangs.

Die Gaboenadder het geskarnierde voortande.
Ibululu LaseGaboon linezinzawu ezingaphambili ezingamahinji.
Ibululu linamabamba angaphambili angathi ziihenjisi.

Types of lizards

Soorte akkedisse   Izinhlobo zezibankwa   Iintlobo zamacilikishe

Lizards include geckos, chameleons, agamas and skinks. They are all harmless and do not have venom (poison). When grabbed by a predator, many lizards have an unusual defence. They shed their tail, which wriggles on the ground whilst the lizard escapes. The lizard's tail grows back, and can be shed again and again.

Akkedisse sluit geitjies, verkleurmannetjies, koggelmanders en skinke in. Hulle is onskadelik en het nie gif nie. Wanneer 'n roofdier hulle beetkry, werp baie akkedisse hul stert af wat dan op die grond wriemel terwyl die akkedis ontsnap. Die akkedis se stert sal weer groei en kan oor en oor afgewerp word.

Izinhlobo zezibankwa zifaka izigcilikisha, izinwabu, ama-agama nama-skink. Azinabungozi futhi azinaso isihlungu (ushevu). Lapho zigxavulwe yisilwane esidla ezinye, izibankwa eziningi ziye zilahle umsila wazo, oye uphiqilike phansi ngesikhathi isibankwa sona sibaleka. Umsila wesibankwa ubuye ukhule, futhi ungalahlwa ngokuphindaphindekayo.

Amacilikishe aquka amaqungequ, amalovane, ii-agama nee-skink. Akanabungozi kwaye akanabo nobuhlungu (ityhefu). Xa ethiwe nqaku ngumhlaseli umsila wamacilikishe amaninzi uyaqhawuka, ze upitshoze emhlabeni ngelixa icilikishe liphel' emehlweni. Umsila wecilikishe uphinde ukhule, kwaye ungaqhawuka ngokuphindaphindiweyo.

Types of shelled reptiles

Reptiele met doppe   Izinhlobo zezilwane ezihuquzelayo ezinamagobolondo
Iintlobo zezirhubuluzi ezinamaqokobhe

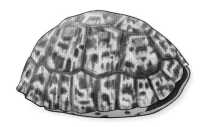  

Tortoises live on land. They pull their head and legs backwards into their shell to protect them.

Skilpaaie leef op land. Hulle trek hul kop en pote in hul dop in om hulself te beskerm.

Izimfudu zihlala emhlabeni. Zifaka amakhanda nemilenze yazo ngokuyihlehlisela emuva ingene egobolondweni lazo ukuze ziyivikele.

Oofudo bahlala emhlabeni. Bazikhusela ngokufihla intloko nemilenze yabo eqokobheni labo.

Terrapins live in freshwater. They pull their head sideways into their shell.

Waterskilpaaie leef in vars water. Hulle trek hul kop sywaarts in hul dop in.

Ama-terrapin ahlala emanzini amasha. Afaka amakhanda awo. ngokuwahambisela emaceleni angene egobongweni lawo.

Oofudo bamanzi (terrapins) bahlala kumanzi acocekileyo. Bageqezisa intloko emaceleni xa beyifaka kwiqokobhe.

Turtles live in the sea. They cannot pull their head into their shell.

Seeskilpaaie leef in die see. Hulle kan nie hul kop in hul dop terugtrek nie.

Izimfudu zasemanzini zihlala olwandle. Azikwazi ukufaka amakhanda azo emagobolondweni azo.

Oofudo bolwandle (turtles) bahlala elwandle. Abakwazi kufaka intloko eqokobheni.

How to use this section

Hoe om hierdie afdeling te gebruik   Sisetshenziswa kanjani lesi sigaba   Lisetyenziswa kanjani eli candela

Each page introduces a new reptile, and tells you something about it.

Elke bladsy stel 'n nuwe reptiel bekend en vertel jou meer daaroor.

Ikhasi ngalinye lethula isilwane esisha esihuquzelayo, bese likutshela okuthile ngaso.

Ikhasi ngalinye lithetha ngesirhubuluzi esitsha, kwaye likuxelela okuthile ngaso.

Warning!
This warning symbol tells you that the reptile is dangerous, but you should treat all snakes with caution. Do not handle snakes and never try to catch one; instead call an adult if you see a snake nearby.

Waarskuwing!
Dié simbool sê vir jou dat die reptiel gevaarlik is. Behandel alle slange versigtig en moenie hulle kanteer nie. Jy moet nooit 'n slang probeer vang nie; roep eerder 'n grootmens as jy een sien.

Isexwayiso!
Lolu phawu lukutshela ukuthi isilwane esihuquzelayo siyingozi. Ziqaphele zonke izinyoka futhi ungazithinti. Ungalokothi uzame ukubamba inyoka, esikhundleni salokho, biza umuntu omdala uma kukhona oyibonayo.

Isilumkiso!
Olu phawu lukuxelela ukuba esi sirhubuluzi siyingozi. Lumka xa ubona iinyoka yaye ungazibambi ngesandla. Ungaze uzame ukubamba inyoka ngesandla; endaweni yoko, biza umntu omdala ukuba ubona inyoka.

Gaboon Adder
The bold colours and pattern help this snake to hide among dead leaves. It is found in open forest, lying on the ground. This gentle snake rarely bites, but has deadly venom.

Gaboenadder
Die helder kleure en kleurpatroon help om dié slang tussen dooie blare te kamoefleer. Dit leef in oop woud waar dit op die grond lê. Dié saggeaarde slang sal selde byt, maar het dodelike gif.

Ibululu LaseGaboon
Imibala nephethini eligqamile kusiza ukucashisa le nyoka phakathi kwamacembe afile. Ivame ukutholakala ehlathini elivulekile, ilele phansi. Le nyoka emnene kuyivelakancane ukuthi ilume kepha inesihlungu esibulalayo.

Ibululu
Imibala engqindilili neepatheni ziyayinceda le nyoka ijike imbonakalo ingaqondakali phakathi kwamagqabi omileyo. Ifumaneka ehlathini elingashinyenanga, ilele emhlabeni. Le nyoka imbuna ayifane ilume kodwa inobuhlungu obubulalayo.

141

A notebook appears with each reptile, and it shows you:

'n Notaboekie verskyn by elke reptiel en wys:

Incwajana yamanothi ivela nesilwane ngasinye esihuquzelayo, futhi iyakukhombisa ukuthi:

Kubonakala amanqaku athile kunye nesirhubuluzi ngasinye, kwaye akubonisa:

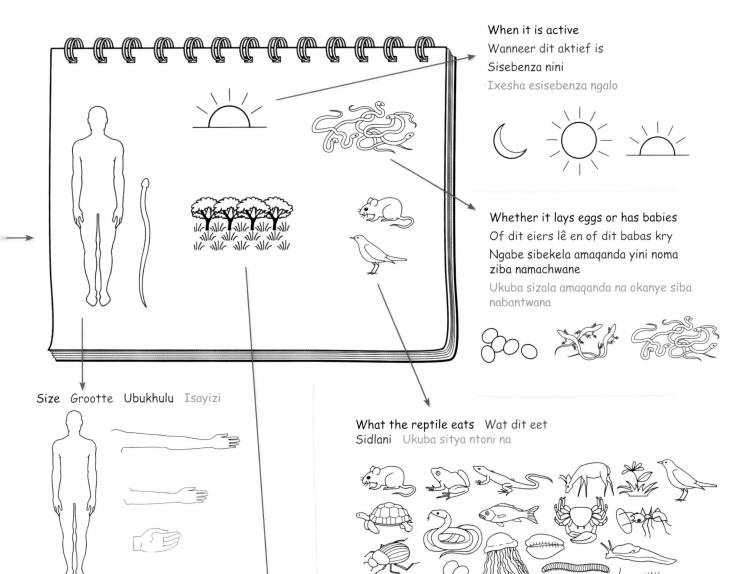

When it is active
Wanneer dit aktief is
Sisebenza nini
Ixesha esisebenza ngalo

Whether it lays eggs or has babies
Of dit eiers lê en of dit babas kry
Ngabe sibekela amaqanda yini noma ziba namachwane
Ukuba sizala amaqanda na okanye siba nabantwana

Size Grootte Ubukhulu Isayizi

1.8m

What the reptile eats Wat dit eet
Sidlani Ukuba sitya ntoni na

Where it lives Waar dit leef Sihlala kuphi Ukuba sihlala phi

Amongst rocks
Tussen rotse
Phakathi kwamadwala
Phakathi kwamawa

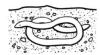

Underground
Onder die grond
Ngaphansi komhlaba
Phantsi komhlaba

On the ground
Bo die grond
Emhlabeni
Emhlabeni

In grassy areas with trees
Grasvelde met bome
Otshanini
Iindawo ezinengca nemithi

In trees and bushes
In bome en struike
Ezihlahleni nasemahlozini
Emithini nasematyholweni

In or near water
In of naby water
Emanzini noma eduze kwamanzi
Emanzini okanye kufuphi nawo

Puff Adder ☠

This slow, fat-bodied snake lies under bushes and in long grass. It gives a loud warning puff when threatened.

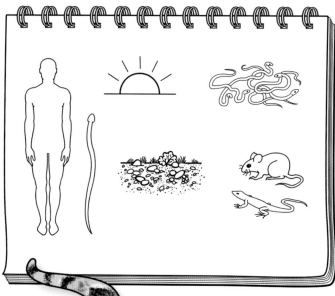

Pofadder

Hierdie stadige, diklywige slang lê onder bosse en in lang gras. Dit blaas hard wanneer dit bedreig word.

Ibululu

Le nyoka enensayo, enomzimba okhuluphele, ilala ngaphansi kwamahlozi nasotshanini obude. Ikhipha umsindo ophakeme wokwexwayisa lapho isengozini.

IRhamba

Le nyoka ecothayo nenomzimba otyebileyo ilala phantsi kwamatyholo nasengceni ende. Itsho ngomfutho omkhulu olumkisayo xa izibona isongelwa.

Gaboon Adder

The bold colours and pattern help this snake to hide among dead leaves. It is found in open forest, lying on the ground. This gentle snake rarely bites, but has deadly venom.

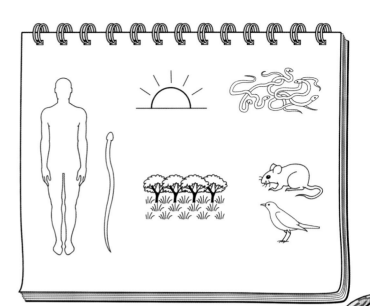

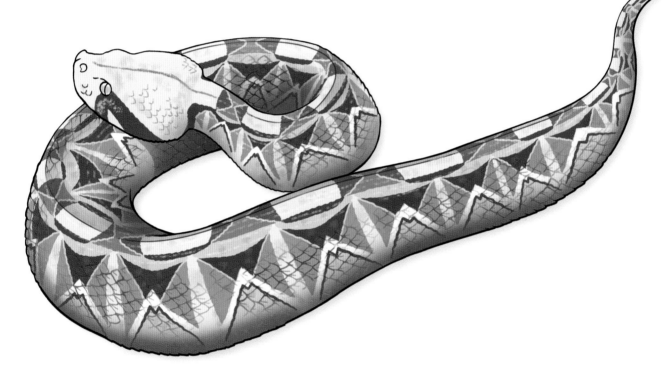

Gaboenadder

Die helder kleure en kleurpatroon help om dié slang tussen dooie blare te kamoefleer. Dit leef in oop woud waar dit op die grond lê. Dié saggeaarde slang sal selde byt, maar het dodelike gif.

Ibululu LaseGaboon

Imibala nephethini eligqamile kusiza ukucashisa le nyoka phakathi kwamacembe afile. Ivame ukutholakala ehlathini elivulekile, ilele phansi. Le nyoka emnene kuyivelakancane ukuthi ilume kepha inesihlungu esibulalayo.

Ibululu

Imibala engqindilili neepatheni ziyayinceda le nyoka ijike imbonakalo ingaqondakali phakathi kwamagqabi omileyo. Ifumaneka ehlathini elingashinyenanga, ilele emhlabeni. Le nyoka imbuna ayifane ilume kodwa inobuhlungu obubulalayo.

Horned Adder

This adder lives in the desert and other dry areas and hides by shuffling its whole body and head into sandy soil. There is a single horn over each eye.

Horingadder

Dit leef in die woestyn en op ander droë plekke en skuil deur die hele liggaam en kop onder sandgrond in te skuifel. Daar is een horing bokant elke oog.

Ibululu Elinezimpondo

Lihlala ogwadule kanye nakwezinye izindawo ezomile futhi lizifihla ngokukhushuzela lifake umzimba walo wonkana kanye nekhanda enhlabathini eyisihlabathi. Linophondo olulodwa ngaphezu kweso ngalinye.

Unompondwana

Ihlala entlango nakwezinye iindawo ezomileyo yaye izimela ngokufihla umzimba nentloko esantini. Kukho uphondo olunye phezu kweliso ngalinye.

Night Adder

This long, thin adder has a velvety, smooth skin and a narrow head. It huffs and puffs when threatened, and is always ready to bite.

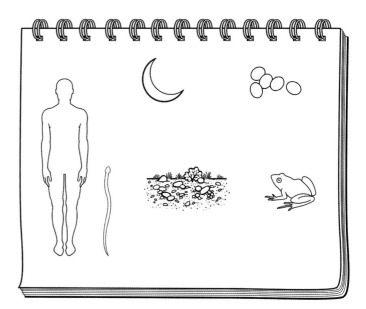

Nagadder

Dié lang, dun slang het 'n fluweelagtige, gladde vel en 'n smal kop. Dit sis en blaas wanneer dit bedreig word en is altyd reg om te byt.

Ibululu Lasebusuku

Leli bululu elide, elizacile linesikhumba esisavelvethi, esibushelelezi kanye nekhanjana elingumcingo. Liyaphafuza lenze umsindo lapho lisengozini, futhi lihlala likulungele ukuluma.

Unomfuthwana / inyoka yasebusuku

Eli rhamba lide nelincinane ngesiqu linesikhumba esithambileyo nesimpuluswa nentloko encinane. Liyafutha likhefuze xa lisongelwa, ibe lisoloko lilungele ukuluma.

Black Mamba

When frightened, it inflates its neck and opens its mouth, which is black inside. It hunts among rocks and trees. This is Africa's most feared snake.

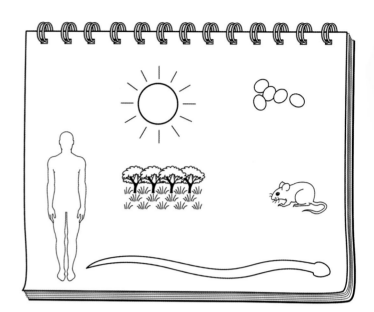

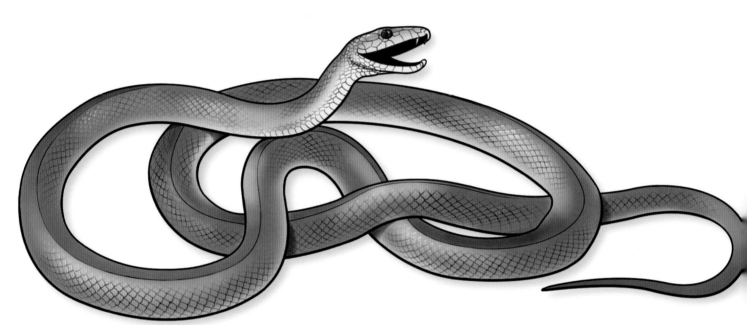

Swartmamba

Wanneer dit bang is, blaas dit die nek op en maak die bek, wat binne swart is, oop. Dit jag tussen klippe en bome. Die Swartmamba is Afrika se mees gevreesde slang.

Imamba Emnyama

Lapho yethukile, iye ikhukhumalise intamo yayo bese ivula umlomo wayo, omnyama ngaphakathi. Izingela ngaphakathi kwamadwala nezihlahla. Le yiyona nyoka eyesatshwa kunazo zonke e-Afrika.

I-Mamba eMnyama

Xa isoyikiswa, iyakhukhumala entanyeni ze ikhamise, umlomo wayo umnyama ngaphakathi. Izingela phakathi kwamatye naphakathi kwemithi. Le yeyona nyoka yoyikekayo eAfrika.

Green Mamba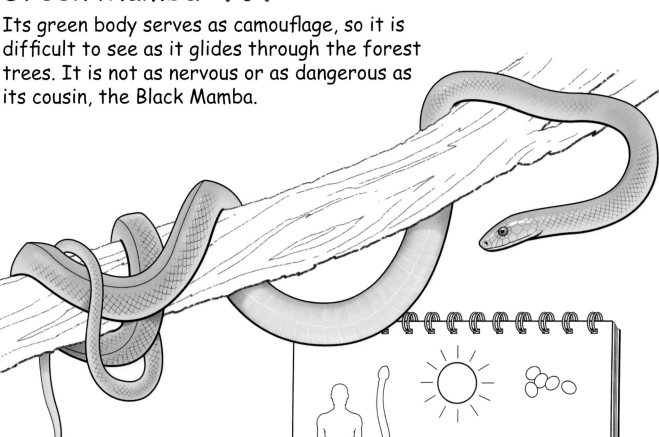

Its green body serves as camouflage, so it is difficult to see as it glides through the forest trees. It is not as nervous or as dangerous as its cousin, the Black Mamba.

Groenmamba

Sy groen lyf dien as kamoeflering en dus word dit moeilik gesien wanneer dit deur woudbome seil. Dit is nie so senuweeagtig of gevaarlik soos sy neef, die swartmamba, nie.

Imamba Eluhlaza

Umzimba wayo oluhlaza usebenza njengendlela yokuyicashisa, ngakho-ke kunzima ukuyibona lapho inyobozela ezihlahleni zasehlathini. Ayixhaphazeli futhi ayiyona ingozi njengomzala wayo, Imamba Emnyama.

I-Mamba eluHlaza

Umzimba wayo oluhlaza uyayinceda ukujika imbonakalo ingaqondakali, ngoko kunzima ukuyibona njengoko irhubuluza phakathi kwemithi yehlathi. Ayothuki okanye ibe nobungozi njengomzala wayo, i-Mamba emnyama.

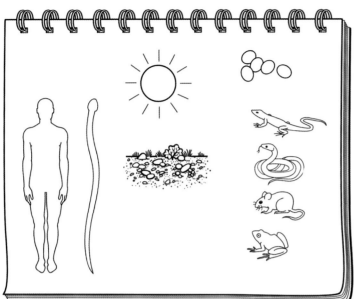

Cape Cobra

This cobra can be butter yellow, dark brown or speckled. An active and alert snake, it is often seen on summer days hunting for rats around farms.

Kaapse kobra (Geelslang)

Dié kobra kan bottergeel, donker of gespikkel wees. Dis 'n wakker, aktiewe slang en word dikwels op somerdae gesien waar dit op Karooplase op rotte jag maak.

Imfezi YakwelaseKapa

Le ingaba nombala ophuzi okusabhotela, ibe nsundu okushubile noma ibe machafachafa. Iyinyoka ekhuthele nehlala iqaphile, ivame ukubonakala ezinsukwini zasehlobo izingela amabuzi emapulazini aseKaroo.

Umdlambila

Eli phimpi lisenokuba mthubi bubhotolo, libe mdaka okanye libe namachaphaza. Yinyoka eququzelayo nendwebileyo, idla ngokubonakala ngeentsuku zehlobo izingela iimpuku kwiifama ze-Karoo.

Snouted Cobra ☠

A stout cobra with an upturned snout and a broad hood. It often eats lizards and other snakes, particularly Puff Adders.

Wipneuskobra

'n Lywige kobra met 'n wipneus en breë bakkop. Dit eet dikwels akkedisse en ander slange, veral pofadders.

Imfezi Enekhala

Imfezi ekhuluphele enekhala elibheke phezulu nekhanda elibanzi. Ivame ukudla izibankwa nezinye izinyoka, ikakhulukazi amabululu.

IsiKhotsholo

Iphimpi elikhulu elinempumlo ejonge phezulu nentloko ebanzi phezu kwamehlo. Lidla ngokutya amacilikishe nezinye iinyoka, ingakumbi amaRhamba.

Mozambique Spitting Cobra (M'fezi) ☠

Often found at night around rural homes, where it is responsible for many snakebites. It is nervous and is always ready to spit its venom.

Mosambiekse spoegkobra (M'fezi)

Word dikwels snags om plaashuise en -hutte aangetref, waar dit vir baie byte verantwoordelik is. Dit is senuweeagtig en altyd reg om gif te spoeg.

Imfezi Enguphempethwayo

Ivame ukutholakala ebusuku ngasemakhaya asemaphandleni, lapho iye ilume abaningi. Iyinyoka exhaphazelayo futhi ihlala ikulungele ukukhwifa isihlungu sayo.

Iphimpi i-Mfezi

Ngokufuthi lifumaneka ebusuku emakhayeni kwiindawo zamaphandle, nalapho liluma kakhulu. Lihleli nje liyoyika ibe lisoloko lilungele ukutshica ubuhlungu balo.

Rinkhals ☠

The body may be finely banded (striped) in the Cape and KwaZulu-Natal, but plain in other places. When threatened, it may spit venom at an intruder's eyes, or roll onto its back and pretend to be dead.

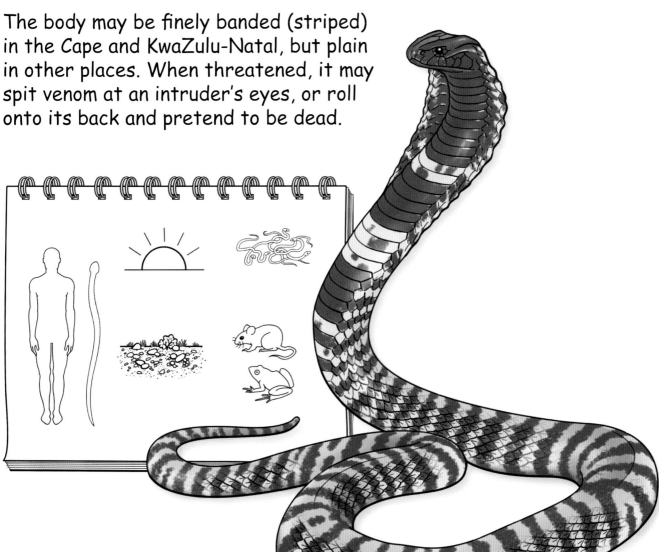

Rinkhals

Die lyf kan fyn strepe hê of ongestreep wees. Wanneer hy bedreig word, kan hy gif in 'n indringer se oë spoeg, of hy sal op sy rug opkrul en maak asof hy dood is.

Uphempethwayo (Iphimpi)

Umzimba ungaba namabhande acolisekile (ube nemidwa) noma ungabinalutho. Lapho isengozini, ingakhwifela isihlungu emehlweni alowo oyiphazamisayo noma iphenduke ilale ngeqolo bese yenza sengathi ifile.

Unobiya

Umzimba ungase ube neempawu ezintle (imigca) okanye ungabi nayo kwanto. Xa isongelwa, ingatshicela umhlaseli emehlweni ngobuhlungu bayo, okanye ilale ngomqolo ze izifise.

Yellow-bellied Sea Snake

This snake's flattened tail helps it to swim in the warm, surface waters of the Indian Ocean. It hides in floating seaweed, where it feeds on small fish.

Seeslang

Dié slang se afgeplatte stert help dit om in die warm oppervlakwater van die Indiese Oseaan te swem. Dit skuil in drywende seewier, waar dit van vissies leef.

Inyoka Yasolwandle

Umsila oyisicaba wale nyoka uyayisiza ukuthi ibhukude emanzini afudumele angaphezulu oLwandlekazini i-Indian. Izifihla okhuleni lwasolwandle oluntantayo, lapho iye idle khona izinhlanzi ezincane.

Inyoka yaseLwandle

Umsila osixwexwe wale nyoka uyayinceda idade ngaphezulu emanzini afudumeleyo oLwandlekazi lwe-Indian. Izimela ngengca edadayo yaselwandle, apho ithi itye iintlanzi ezincinane.

Southern Burrowing Asp

This thin, black snake likes to burrow. It bites sideways, using just one fang, and so should never be picked up. It eats only other reptiles.

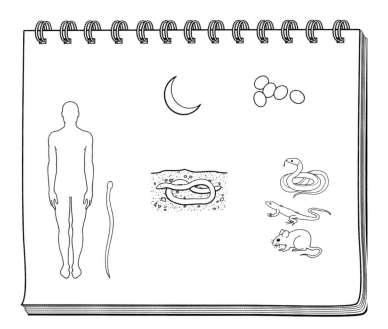

Suidelike sypikslang

'n Dun slang wat graag grawe. Dit byt sywaarts en gebruik net een slagtand en moet dus nooit opgetel word nie. Dit eet net ander reptiele.

Inyoka Eyembayo Yakwelaseningizimu

Inyoka ezacile, emnyama ethanda ukwemba emhlabathini. Ilumela eceleni, isebenzisa uzawu olulodwa nje, ngakho-ke akufanele nakancane icoshwe. Idla kuphela ezinye izilwane ezihuquzelayo.

i-Southern Burrowing Asp

Inyoka encinane, emnyama ethanda ukuvunduza phantsi komhlaba. Iluma ngamacala, isebenzisa ibamba nje elinye, yaye ke ayifanele icholwe ngesandla. Itya ezinye izirhubuluzi kuphela.

Harlequin Snake

A small, beautiful snake that burrows in sandy soils, where it hunts blind snakes (see page 166). It is very gentle and rarely bites.

Gevlekte kousbandjie

'n Klein, pragtige slangetjie wat in sandgrond grawe en op blindeslange (sien bladsy 166) jag maak. Dit is saggeaard en byt selde.

Inyoka Enamaphethini Amibalabala

Inyoka encane, enhle eyemba emhlabathini oyisihlabathi, izingela izinyoka eziyizimpumputhe (bheka ikhasi 166). Imnene kakhulu futhi ayivamile ukuluma.

Unomathambe-zantsi

Inyoka encinane, entle evunduza kwimihlaba enentlabathi, izingela iinyoka ezingaboniyo (bona iphepha 166). Imbuna yaye ayifane ilume.

Cape Centipede Eater

This small, slender snake hunts centipedes in old termite nests and insect burrows. Its venom is deadly to centipedes, but harmless to people.

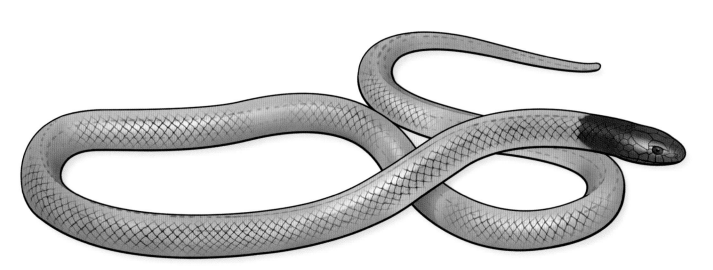

Swartkophonderd-pootvreter

Dié slanke slangetjie maak jag op honderdpote in ou termietneste en insekgate. Die gif is dodelik vir honderdpote, maar onskadelik vir die mens.

Inyoka YakwelaseKapa Edla Izinkume

Le nyoka encane, engakhuluphele izingela izinkume ezidulini zomuhlwa nasemigodini yezinambuzane. Isihlungu sayo siyabulala ezinkumeni, kepha asinangozi ebantwini.

i-Cape Centipede Eater

Le nyoka incinane, ecekethekileyo izingela amasongololo kwiziduli ezindala zeentubi nemingxuma yezinambuzane. Ubuhlungu bayo buyawabulala amasongololo, kodwa abunangozi ebantwini.

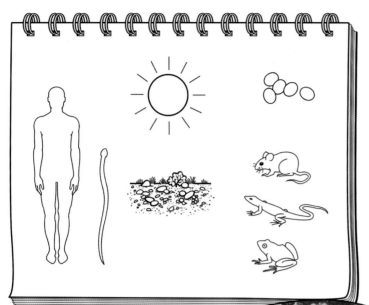

Spotted Skaapsteker

This snake is found over a wide area. It has attractive markings. The female lays her eggs under a stone and guards them with her coils.

Gevlekte skaapsteker

'n Slang wat wydverspreid voorkom. Dit het mooi merke. Die wyfie lê haar eiers onder 'n klip en bewaak hulle met haar kronkels.

Inyoka Ebulala Izimvu Enamachashaza

Inyoka ebanzi enezimpawu ezihehanayo. Eyensikazi ibekela amaqanda ayo ngaphansi kwetshe bese iwaqapha ngaphansi kwemigoqongo yayo.

I-Skaapsteker enamachaphaza

Inyoka exhaphake kakhulu neneempawu ezinomtsalane. Imazi izalela amaqanda ayo phantsi kwamatye ize iwalinde ngokuzibhijela phezu kwawo.

Karoo Sand Snake

A thin, active snake that often lies still, with its head raised, looking with its big eyes for food. It chases lizards in deserts and other dry areas.

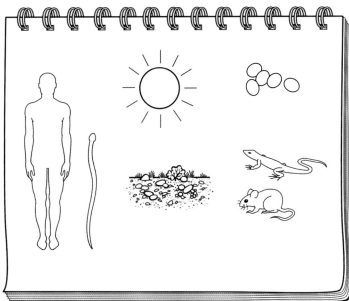

Karoosweepslang

'n Dun, aktiewe slang wat dikwels met sy kop opgelig stil lê en met sy groot oë kos soek. Dit jag akkedisse in woestyn- en dorre gebiede.

Inyoka Yesihlabathi SaseKaroo

Inyoka ezacile, ekhuthele evame ukulala ithule nya, ikhanda layo liphakeme, ifunana nokudla ngamehlo ayo amakhulu. Ijaha izibankwa ogwadule nasezindaweni ezomile.

i-Karoo Sand Snake

Inyoka encinane neququzelayo edla ngokulala ithi ncwaba, ivuse intloko ize ilaqaze ngamehlo ayo amakhulu ifuna ukutya. Isukela amacilikishe entlango nakwiindawo ezingumqwebedu.

Olive Grass Snake

A harmless snake that is often confused with the dangerous Black Mamba (see page 144). It is a fast, active hunter in grasslands.

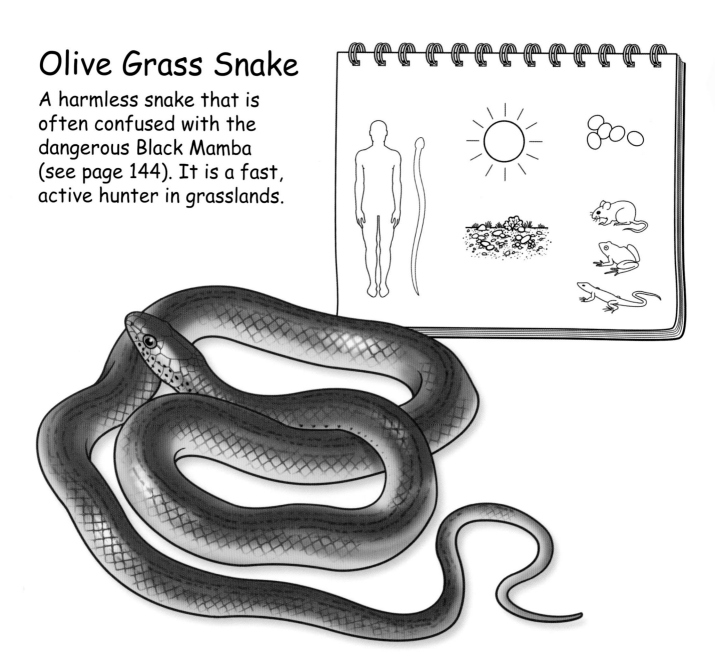

Olyfgrasslang

'n Onskadelike slang wat dikwels met die gevaarlike swartmamba (sien bladsy 144) verwar word. Dit is 'n vinnige, aktiewe jagter in grasveld.

Inyoka Yasotshanini Eluhlaza Okungathi Kungcolille

Inyoka engeyona ingozi evame ukudidaniswa neMamba eMnyama eyingozi (bheka ikhasi 144). Ingumzingeli osheshayo, okhuthele ezindaweni ezinotshani.

i-Olive Grass Snake

Inyoka engenabungozi edla ngokubhidaniswa neMamba eMnyama (bona iphe 144). Ngumzingeli okhawulezayo nondwebileyo emadotyeni.

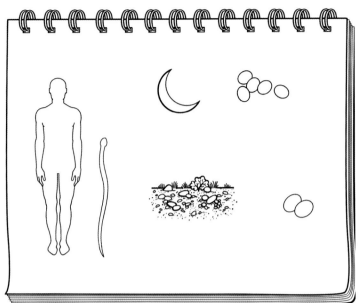

Common Egg-eater

This snake has a small head, but it can stretch its mouth wide to swallow birds' eggs. The rough body scales can be rubbed together to make a hissing sound.

Gewone eiervreter

Dié slang het 'n klein koppie, maar kan sy bek wyd genoeg ooprek om 'n voëleier in te sluk. Die growwe liggaamskubbe kan teen mekaar gevryf word om 'n sisgeluid te maak.

Inyoka Eyejwayelekile Edla Amaqanda

Le nyoka inekhanjana elincane, kepha ikwazi ukunweba umlomo wayo ube banzi ngokwenele ukuthi ingagwinya amaqanda ezinyoni. Amazegece amahhadla asemzimbeni wayo ayakwazi ukuhlikihlwa ndawonye bese enza umsindo ohlihlizayo.

i-Common Egg-eater

Le nyoka inentloko encinane, kodwa inokuwutweza umlomo wayo ube banzi ngokwaneleyo ukuba iginye amaqanda eentaka. Amaxolo omzimba arhabaxa angakhuhlana ukwenza isandi esifuthayo.

Herald Snake

A common snake that may be found in gardens. It likes marshy areas, where it hunts for frogs at night. When threatened, it flattens its head to display its bright red lips.

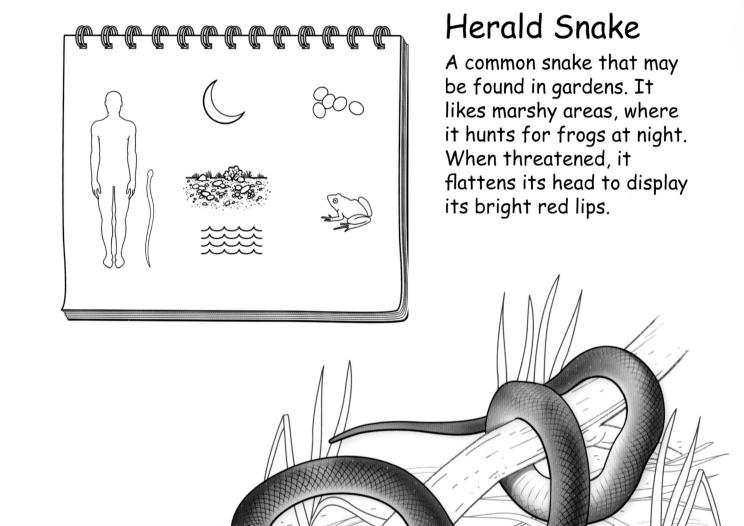

Rooilipslang

'n Algemene slang wat in tuine aangetref kan word. Dit hou van vleigebiede, waar dit snags paddas vang. As dit bedreig word, maak dit die kop plat om die helder rooi lippe te vertoon.

Inyoka Ebikezelayo

Inyoka eyejwayelekile engahle itholakale ezingadini. Ithanda izindawo ezingamaxhaphozi, lapho iye izingele khona amaxoxo ebusuku. Uma isengozini, yenza ikhanda layo libe yisicaba ukuze ikhombise izindebe zayo eziqhakazile ezibomvu.

Inyoka ye-Herald

Inyoka eqhelekileyo enokufunyanwa ezigadini. Ithanda iindawo eziyimigxobhozo, apho ithi izingele amasele ebusuku. Xa isongelwe, yenza sicaba intloko yayo ukuze kubonakale imilebe yayo ebomvu krwe.

Eastern Tiger Snake

With its long, thin body it can climb into hollow trees and caves, where it hunts bats and lizards. It has big eyes and can see well at night.

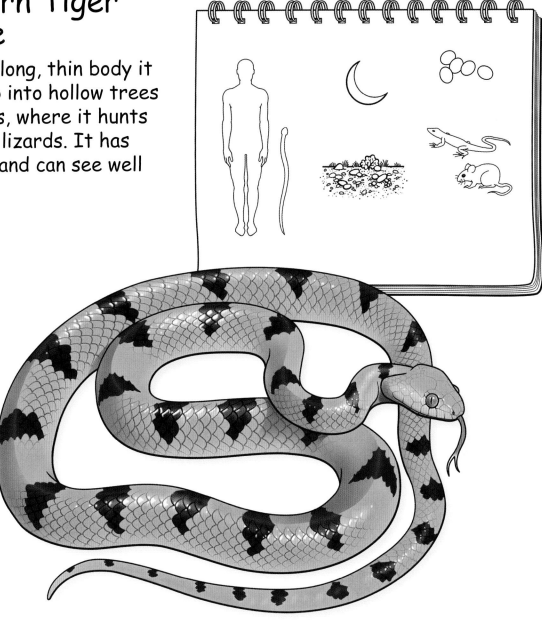

Gewone tierslang

Met die lang dun lyf kan dit by hol bome en grotte inseil, waar dit vlermuise en akkedisse vang. Dit het groot oë en kan snags goed sien.

Inyoka Eyingwe Yakwelase-mpumalanga

Ikwazi ukukhwela ezihlahleni ezinezigoxi nasemigedeni ngomzimba wayo omude, ozacile, lapho iye izingele khona amalulwane nezibankwa. Inamehlo amakhulu futhi ikwazi nokubona kahle busuku.

i-Eastern Tiger Snake

Ngomzimba wayo omde, oceethekileyo ingakhwela emithini nasemiqolombeni, apho izingela amalulwane namacilikishe. Inamehlo amakhulu ibe ingabona kakuhle ebusuku.

Common Green Snake

A small, green snake that moves nimbly among reed-beds to catch frogs. It is often mistaken for a Boomslang.

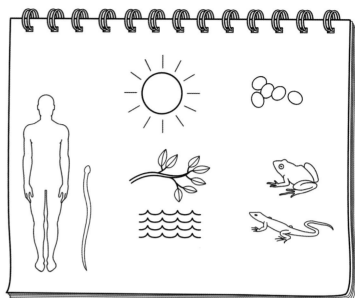

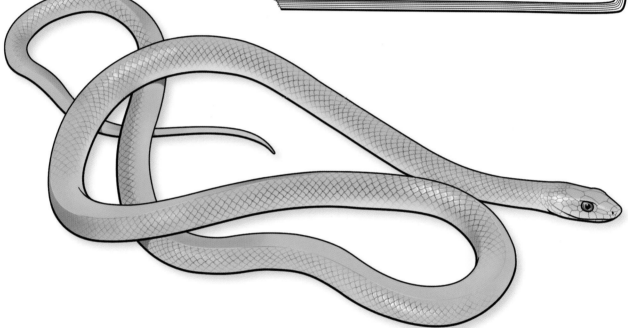

Gewone groenslang

'n Klein, groen slangetjie wat rats tussen rietstande beweeg om paddas te vang. Dit word dikwels vir 'n boomslang aangesien.

Inyoka Eyejwayelekile Eluhlaza

Inyoka encanyana, eluhlaza okotshani ehamba ngokukhuthala phakathi kwezindawo zomhlanga iyobamba amaxoxo. Ivamile ukudidaniswa neNyoka yasesihlahleni.

IVuzamanzi eliluHlaza

Inyoka encinane, eluhlaza ehamba ichwechwa phakathi kweengcongolo ukuze ibambise amasele. Ngokufuthi ibhidaniswa ne-Boomslang.

Spotted Bush Snake

This snake is an excellent climber; its belly and tail have side ridges that help it to climb in bushes. The large eyes point forward, searching for prey.

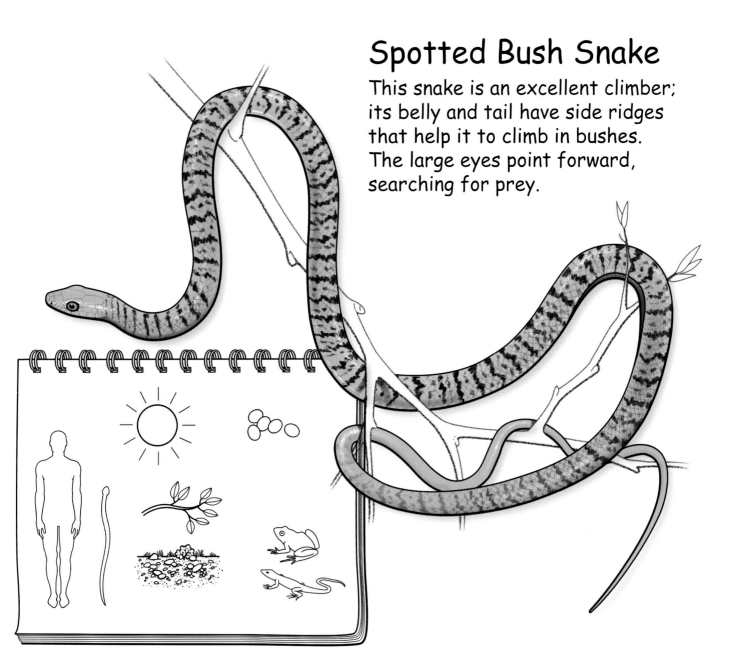

Gespikkelde bosslang

Dié slang is 'n baie goeie klimmer; sy pens en stert het syriwwe wat hom help om in struike te klim. Die groot oë wys vorentoe om kos op te spoor.

Inyoka Yasehlathini Enamachashaza

Le nyoka ingumgibeli onekhono; isisu nomsila wayo kunezindawo ezisemaceleni eziyisiza ikwazi ukugibela ezihlahlaneni. Amehlo amakhulu abheka phambili efunana nokuzodliwa.

i-Spotted Bush Snake

Le nyoka ikwazi kakhulu ukukhwela; esiswini nasemsileni inamaxolo arhabaxa emacaleni ayincedayo ukuba ikhwele ematyholweni. Amehlo amakhulu ajonga phambili, ikhangela ixhoba.

Mole Snake

The adults are plain light-grey, brown or dark-brown, but the babies are boldly patterned. This snake is thick-bodied and muscular, and hunts moles in their burrows.

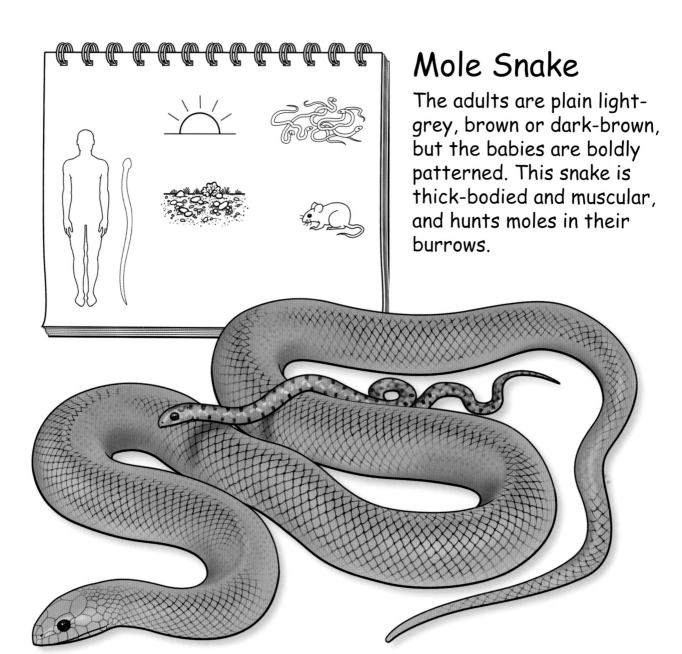

Molslang

Die volwassenes is liggrys, bruin of donkerbruin, maar die babas het duidelike patrone. Dié slang is diklywig en gespierd en maak jag op molle in hul gate.

Inyoka Yezimvukuzane

Izinyoka ezindala zinombala ompunga okhanyayo, onsundu noma onsundu ngokuthe xaxa kepha amachwane azo anamaphethini agqamile. Le nyoka enomzimba olugqinsi nonezicubu, izingela izimvukuzane emigodini yazo.

INkwakhwa

Ezindala zibungwevurha, mdaka okanye mdaka-bungqingqwa, kodwa amantshontsho aneepatheni ezingqindilili. Le nyoka enomzimba omkhulu nezihlunu, izingela iintuku kwimingxuma yazo.

Common Slug Eater

This secretive and shy snake feeds only on slugs, which it hunts by following their slime trails. If threatened it rolls into tight coils.

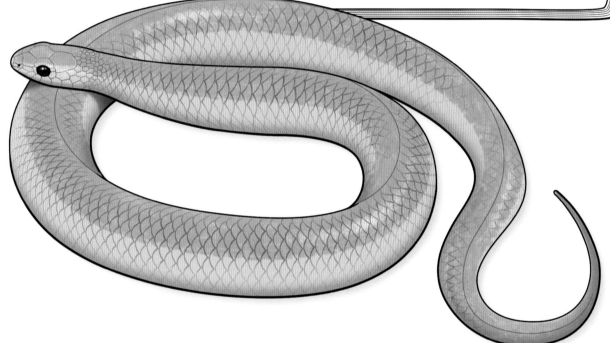

Gewone slakvreter

Dié ontwykende en sku slang leef net van slakke, wat hy opspoor deur hul slymspoor te volg. As hy bedreig word, krul hy hom styf op.

Inyoka Eyejwayelekile Edla Iminenke

Le nyoka ezifihlayo nenamahloni, idla kuphela iminenke, eyizingela ngokulandela imikhondo yayo eyincikinciki. Uma isengozini, iyazigoqa ibe yimigoqongo eqinile.

i-Common Slug Eater

Le nyoka ezifihlayo neneentloni, itya iinkume kuphela, ethi izizingele ngokulandela umkhondo wazo wencindi encangathi eziyishiyayo njengoko zihamba. Ukuba iyasongelwa, izisonga ibe ngumbhumbutho oqinileyo.

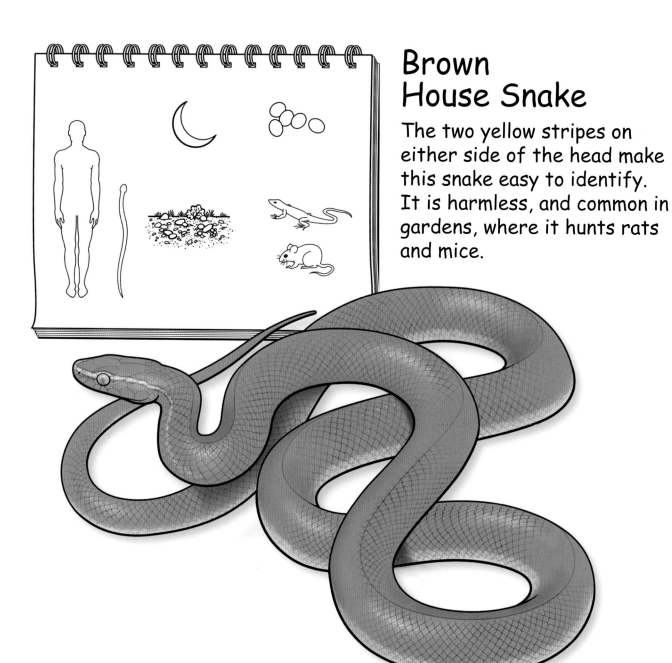

Brown House Snake

The two yellow stripes on either side of the head make this snake easy to identify. It is harmless, and common in gardens, where it hunts rats and mice.

Bruinhuisslang

Dié slang word maklik uitgeken aan die twee geel strepe weerskante van die kop. Dit is onskadelik, en algemeen in tuine waar dit rotte en muise vang.

Inyoka Ensundu Yasendlini

Imidwa emibili ephuzi esezinhlangothini zombili zekhanda layo yenza le nyoka kube lula ukuyibona. Ayiyona ingozi, futhi ivamile ukutholakala ezingadini lapho izingela khona amagundane namabuzi.

Umzingendlu

Imigca emibini emthubi kwicala ngalinye lentloko yenza kube lula ukuyibona le nyoka. Ayinabungozi, kwaye ixhaphakile ezigadini, apho izingela amabuzi neempuku.

Southern African Python

This is one of the world's largest snakes. It eats cane rats, dassies, monkeys and small antelopes. It likes rocky outcrops and often swims in water. The female guards her eggs, which she sometimes lays in an old aardvark burrow.

Suider-Afrikaanse luislang

Dis een van die wêreld se grootste slange. Dit leef van rietrotte, dassies, ape en selfs klein bokkies. Dit hou van kliprante en swem dikwels. Die wyfie bewaak haar eiers, wat sy soms in 'n ou erdvarkgat lê.

Inhlwathi Yase-Afrika Eseningizimu

Lena ngenye yezinyoka ezinkulu emhlabeni. Idla amagundane asezimobeni, izimbila, izinkawu nezinyamazane ezincane imbala. Ithanda amadwala angamaqhuzwana futhi ivame nokubhukuda emanzini. Eyensikazi iqapha amaqanda ayo eye iwabekele emgodini omdala wesambane.

Inamba/uGqoloma

Le yenye yezona nyoka zinkulu ehlabathini. Itya amadwele, iimbila, iinkawu kwanezinye izilwanyana ezincinane. Ithanda amawa aphakamileyo ibe idla ngokuqubha emanzini. Imazi igada amaqanda ayo, ethi ngamanye amaxesha iwazalele emngxunyeni omdala wehodi.

165

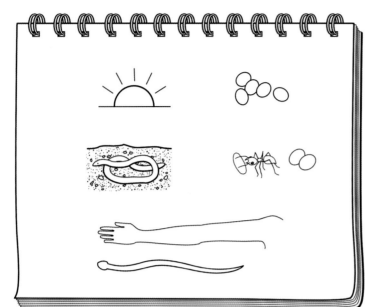

Bibron's Blind Snake

The very short tail can be mistaken for the head. The eyes look like small black dots beneath the head scales. It burrows underground and only feeds two or three times a year.

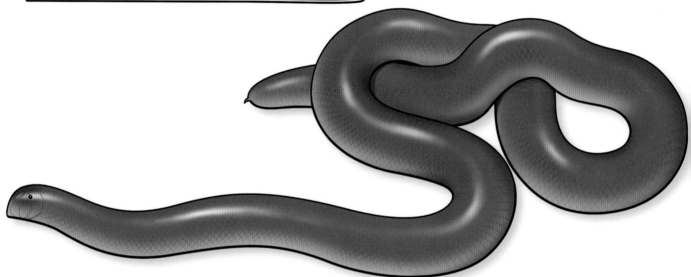

Bibron se blindeslang

Die baie kort stert kan vir die kop aangesien word. Die oë lyk soos swart kolletjies onder die kopskubbe. Dit grawe tonnels en eet net twee of drie keer per jaar.

Inyoka Eyimpumuthe KaBibron

Umsila omfushane kakhulu kungacatshangwa ukuthi uyikhanda layo. Amehlo abukeka njengamachashazana amancane amnyama ngaphansi kwamazegece asekhanda. Iye yembe ngaphansi komhlaba futhi idla kabili noma kathathu ngonyaka.

Inyoka yomhlaba ka-Bibron

Umsila wayo omfutshane gqitha ungabhidaniswa nentloko yayo. Amehlo ngathi ngamachaphaza amancinane amnyama ngezantsi kwamaxolo entloko. Imba phantsi komhlaba yaye itya kabini okanye kathathu kuphela ngonyaka.

Spotted Sand Lizard

A small, fast lizard that shelters beside bushes, dashing out to catch food. On sunny days it holds two of its feet in the air, then the other two, to cool them after they have been on the hot sand.

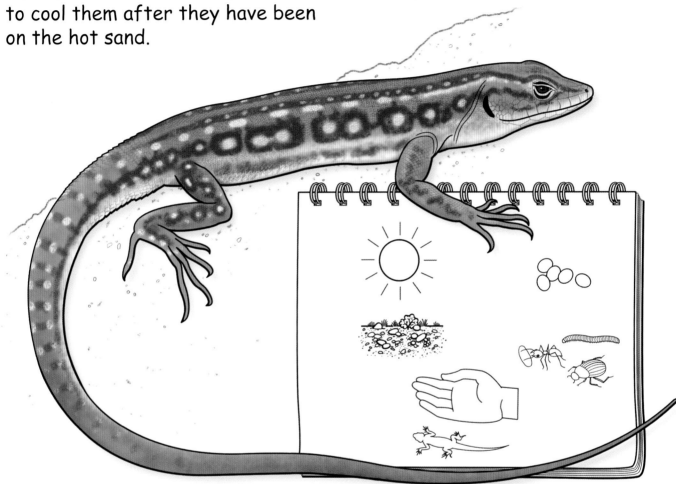

Gevlekte sandakkedis

'n Vinnige akkedissie wat langs bosse skuil en vinnig uitskiet om prooi te vang. Op sonnige dae hou dit eers twee bene en dan die ander twee in die lug om hulle te laat afkoel nadat hulle op warm sand was.

Isibankwa Esinamachashaza Sasesihlabathini

Isibankwa esincane, esisheshayo esikhosela ngasemahlozini, siphume sigulukudela siyobamba ukudla. Ezinsukwini ezinelanga siphakamisa izinyawo zazo ezimbili zime emoyeni ngesikhathi esithile, bese silandelisa ngezinye ezimbili, ukuzipholisa ngemuva kokuthi bezikade zihamba esihlabathini esishisayo.

Icilikishe Elinamachaphaza lasesantini

Icilikishe elincinane, elinamendu elisithela ngasematyholweni, libaleke kakhulu ukuya kubambisa ukutya. Ngeemini ezishushu liphakamisela emoyeni iinyawo zalo ezimbini ngexesha, landule ke liphakamise ezinye ezimbini, ukuziphozisa emva kokuba bezikwintlabathi eshushu.

Rock Monitor

This large lizard uses its long tail as a whip to defend itself. It eats anything it can kill and swallow, even tortoises and snakes.

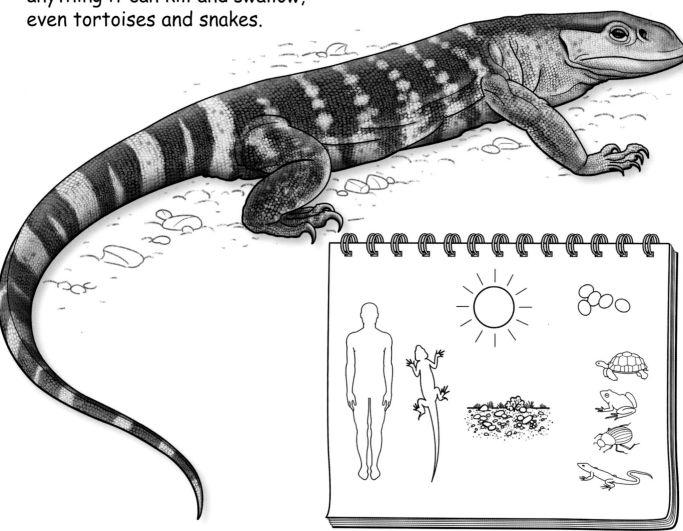

Kliplikkewaan

Hierdie groot akkedis gebruik sy lang stert as 'n sweep om hom te verdedig. Dit eet enigiets wat dit kan doodmaak en sluk, selfs skilpaaie en slange in.

Uxamu Wasemadwaleni

Lesi sibankwa esikhulu sisebenzisa umsila waso omkhulu njengesitswebhu sokuzivikela. Sidla noma yini esikwazi ukuyibulala siyigwinye, nezimfudu nezinyoka imbala.

I-Rock Monitor

Eli cilikishe likhulu lisebenzisa umsila walo omde njengesabhokhwe sokuzikhusela. Litya nantoni na elinokuyibulala ze liyiginye, nditsho noofudo neenyoka.

Water Monitor

The female Water Monitor lays her eggs in a termite nest. This is the largest lizard in Africa, and is related to the Komodo Dragon, the world's largest lizard.

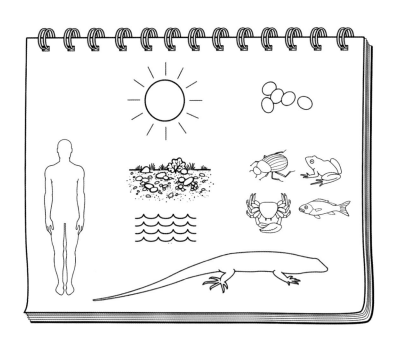

Waterlikkewaan

Die Waterlikkewaan-wyfie lê haar eiers in 'n termietnes. Dis die grootste akkedis in Afrika en is verwant aan die Komododraak, die wêreld se grootste akkedis.

Uxamu Wasemanzini

Lesi yisibankwa esikhulu kunazo zonke kwelase-Afrika. Sibekela amaqanda aso esidlekeni somuhlwa ophilayo. Sihlobene neKomodo Dragon, okuyisibankwa esikhulu kunazo zonke emhlabeni.

I-Water Monitor

Eli lelona cilikishe likhulu eAfrika. Lizalela amaqanda alo kwindlwana enyakazela ziintubi. Ludidi olufanayo ne-Komodo Dragon, elona cilikishe likhulu ehlabathini.

Flap-necked Chameleon

A chameleon's eyes each move in different directions, allowing it to look for flies and other insects, which it catches by shooting out its long tongue.

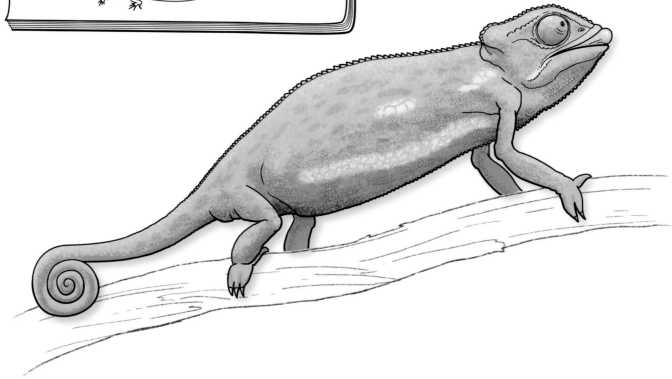

Flapnek-verkleurmannetjie

'n Verkleurmannetjie se oë beweeg in verskillende rigtings en stel hom in staat om vlieë en ander insekte op te spoor wat hy vang deur sy lang tong uit te skiet.

Unwabu Olunentamo Ebhakuzayo

Amehlo onwabu anyakaza abheke ezindaweni ezahlukahlukene, aluvumele lufunane nezimpukane nezinye izinambuzane, elizibamba ngokukhipha ulimi lwalo olude ngokushesha.

Ulovane olunentamo esixwexwe

Amehlo olovane ayalaqaza kakhulu, nto leyo eyenza lukhangele iimpukane nezinye izinambuzane, oluzibambisa ngokukhupha olo gqajolo lolwimi lalo.

Dwarf Chameleon

Its unusual feet and coiling tail allow this chameleon to climb in trees. The babies stick to leaves when they are born. Like all chameleons, it can develop bright colours when excited.

Dwerg-verkleurmannetjie

Sy buitengewone voete en krulstert stel dié verkleurmannetjie in staat om boom te klim. Die babas kleef by geboorte aan blare. Soos alle verkleurmannetjies verkleur dit wanneer dit ontsteld is.

Unwabu Oluyisichwe

Izinyawo zalo ezinge-jwayelekile kanye nomsila ogoqanayo kuvumela lolu nwabu ukuba lukwazi ukugibela ezihlahleni. Abantwana balo banamathela emacembeni lapho bezalwa. Njengazo zonke izinwabu, lukwazi ukwenza imibala eqhakazile lapho kukhona okulukhathazayo.

Ulovane olunqapheleyo

Iinyawo zalo ezingaqhele-kanga nomsila walo obhijelayo wenza olu lovane lukhwele emithini. Abantwana bathi nca emagqabini xa bezalwa. Njengawo onke amalovane liyakwazi ukuzijika imibala xa lucaphukile.

Rock Agama

Rock Agamas live in small colonies. The most important male in each colony has a bright blue head. He perches on the highest rock and bobs his head in display.

Klipkoggelmander

Klipkoggelmanders leef in klein kolonies. Die belangrikste mannetjie in elke kolonie het 'n helderblou kop. Hy sit op die hoogste klip en knik sy kop.

I-agama Lasemadwaleni

Ama-agama asemadwaleni ahlala emaqoqwaneni amancane. Eleduna elibaluleke kunawo wonke eqoqwaneni ngalinye linekhanda eliluhlaza okwesibhakabhaka eliqhakazile. Lihlala edwaleni eliphakeme kunawo wonke bese linyakazisa ikhanda libukisa ngalo.

I-Agama Yamawa

I-Agama zamawa zihlala zingamabutho amancinane. Eyona nkunzi ibalulekileyo kwibutho ngalinye inentloko eluhlaza eqaqambileyo. Ithi ngcu kwelona liwa liphakamileyo ze igeqezise intloko iqhayisa.

Tree Agama

The wide, electric-blue head of the male does the same job as a lion's mane: it shows that he is 'the king'. Tree Agamas sleep in tree-hollows and eat mainly beetles and ants.

Boomkoggelmander

Die mannetjie se breë helderblou kop het dieselfde funksie as 'n leeu se maanhare: om te wys hy is 'koning'. Boomkoggelmanders slaap in boomholtes en eet hoofsaaklik kewers en miere.

I-agama Lasezihlahleni

Ikhanda elibanzi, eliluhlaza okukagesi lelesilisa lenza umsebenzi ofanayo nowomhlwenga webhubesi: likhombisa ukuthi 'liyinkosi impela'. Ama-agama asezihlahleni alala ezigoxini zezihlahla futhi adla ikakhulukazi amabhungane nezintuthwane.

I-Agama yemiThi

Intloko esixwexwe neluhlaza okwesibhakabhaka yenkunzi yenza umsebenzi ofanayo nesingci sengonyama: ibonisa ukuba 'liyikumkani'. Ii-agama zemithi zilala kwimingxuma esemithini ibe zitya ikakhulukazi ooqongqothwane neembovane.

House Gecko

This gecko was once found only in Zululand, but has spread to other places after getting transported in cars and trucks. It likes to catch moths that are attracted to house lights.

Huisgeitjie

Dié geitjie het vroeër net in Zululand voorgekom, maar het deur middel van voertuie na ander dele versprei. Dit vang motte wat deur huisligte aangelok word.

Isigcilikisha Sasendlini

Lesi sigcilikisha sasitholakala kuphela kwelakwaZulu, kepha sesisabalele nakwezinye izindawo ngemuva kokungena ezimotweni nasemalolini. Sibamba izilwanyana ezihehwa yizibane.

Iqungequ laseNdlwini

Eli qungequ lalikade lifumaneka kwaZulu kuphela, kodwa linabele nakwezinye iindawo emva kokukhwela ezimotweni nasezilorini. Libambisa amavivingane atsalwa kukukhanya.

Cape Day Gecko

It can be found in suburban gardens, where it often waits near ant trails, eating the ants one by one. Like all geckos, it lays only two hard-shelled eggs.

Kaapse daggeitjie

Dit word soms in tuine aangetref waar dit naby mierpaaie wag en die miere een vir een vang. Soos alle geitjies lê dit net twee hardedopeiers.

Isigcilikisha Sasemini SakwelaseKapa

Sitholakala ezingadini zasemizini, lapho sivame ukulinda eduze nemigudu yezintuthwane, sidle izintuthwane lezo esizi-bamba ngazinye. Njengazo zonke izigcilikisha sibekela amaqanda amabili anamagobongo aqinile.

Iqungequ laseKoloni

Linokufumaneka kwiigadi ezikwiidolophana, apho lidla ngokulinda kufuphi neendawo ezihamba iimbovane, lisitya iimbovane nganye nganye. Njengawo onke amaqungequ lizala amaqanda amabini anamaqokobhe aqinileyo.

Bibron's Gecko

Leaf-shaped pads under the tips of its toes allow this gecko to climb smooth rock walls in search of prey. It has powerful jaws to help it crush insects. It is often found in Karoo farmhouses.

Bibron se geitjie

Blaarvormige kussings onder die punte van die tone stel dié geitjie in staat om teen gladde rotswande te klim om prooi te soek. Dit het kragtige kake om insekte fyn te druk. Dit word dikwels in Karoohuise gesien.

Isigcilikisha SikaBibron

Imiqudlwana emise okwamacembe engaphansi kwezintupha zezinzwane zayo ivumela lesi sigcilikisha sigibele amadwala abushelelezi sifunana nokudla. Sinemihlathi enamandla esisiza ukuthi sifihlize izinambuzane. Sivame ukutholakala ezindlini zasepulazini zaseKaroo.

Iqungequ

Imiphantsi yeenyawo emilise okwamagqabi phantsi kweenzwane zayo yenza ukuba eli qungequ likhwele kumawa agudileyo likhangela ixhoba. Linemihlathi eyomeleleyo elincedayo ukucola izinambuzane. Lidla ngokufumaneka kumagxamesi akwi-Karoo.

Web-footed Gecko

This gecko lives in the Namib Desert, where its webbed toes help it to walk on the soft sand and dig into it as well. Its very large eyes help it to see in the dark.

Webvoetgeitjie

Dié geitjie leef in die Namibwoestyn, waar sy gewebde voete hom help om op sagte sand te loop en ook daarin te grawe. Sy groot oë help hom om in die donker te sien.

Isigcilikisha Esinezinzwane Ezihlangene

Lesi sigcilikisha sihlala ogwadule iNamib, lapho izinzwane zaso ezihlangene zisisiza khona ekuhambeni esihlabathini esithambile nokuthi sikwazi ukwemba kuso. Amehlo aso amakhulu kakhulu abomvu asisiza sibone ebumnyameni.

Iqungequ elineenyawo ezinenwebu

Eli qungequ lihlala kwintlango ye-Namib, apho iinzwane zalo ezinenwebu zilinceda lihambe kwintlabathi ethambileyo likwazi nokumba kuyo. Amehlo ayo amakhulu alinceda likwazi ukubona ebumnyameni.

Striped Skink

This skink is common in gardens and around houses. Its body is covered in bony scales like those of a fish. The tail is easily shed, but it soon grows again.

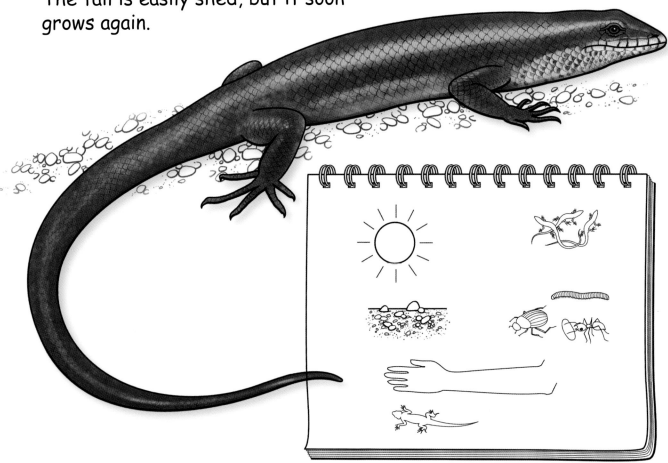

Gestreepte skink

Dié skink, wat algemeen in tuine en om huise is, se lyf is bedek met benerige skubbe soos 'n vis s'n. Die stert word maklik afgewerp, maar groei gou weer.

Isibankwa Esiyi-skink Esinemidwa

Sivamile ezingadini nangasezindlini. Umzimba walesi skink wembozwe ngamazegece asamathambo anjengalawo atholakala ezinhlanzini. Umsila ulahlwa kalula, kepha uyashesha ukuphinda ukhule.

Uqebentula onemigca

Uxhaphakile ezigadini nasezindlwini, umzimba walo qebentula ugutyungelwe ngamaxolo anamathambo ngathi ngalawo wentlanzi. Umsila uqhawuka lula, kodwa uphinda ukhule kamsinya.

Cape Skink

Because of its fat body, this skink runs with a waddle. It lives among bushes and rocks, making quick dashes into the open to seize food.

Kaapse skink

Met sy vet lyf, hardloop hy met 'n waggel. Hy leef tussen bossies en klippe en skiet uit in die oopte om sy prooi te vang.

Isibankwa Esiyi-skink SakwelaseKapa

Ngenxa yomzimba waso okhuluphele, sigijima sideklezele. Sihlala phakathi kwamahlozi namadwala, sintininize ngokushesha siye ezindaweni ezivulekile ukuyogxavula ukudla.

Uqebentula waseKoloni

Ngenxa yomzimba wakhe omkhulu, uyabhadaza xa ebalekayo. Uhlala ematyholweni nasemaweni, esenza amatshe ukuya endaweni evulekileyo ukuya kuthi hlasi ukutya.

Rainbow Skink

The adult male has a green body and orange tail, but the females and juveniles have blue tails. It lives in large groups on rocky outcrops.

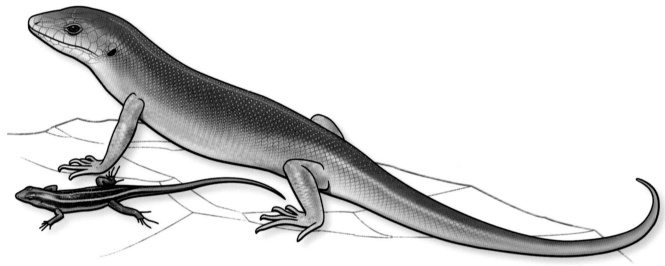

Reënboogskink

Die volwasse mannetjie het 'n groen lyf en oranje stert, maar die wyfie en kleintjies se stert is blou. Dit leef in groot groepe op kliprante.

Isibankwa Esiyi-skink Esiluthingo Lwenkosazana

Eseduna esidala sinomzimba oluhlaza nomsila osawolintshi, kepha ezensikazi nezisencane zinemisila eluhlaza okwesibhakabhaka. Zihlala ngamaqoqo amakhulu ezindaweni ezinamadwala.

Uqebentula oyi-Rainbow

Inkunzi endala inomzimba oluhlaza nomsila o-orenji, kodwa iimazi nabantwana banemisila ebhlu. Uhlala kumaqela amakhulu ezincochoyini zamawa.

Giant Burrowing Skink

This large skink is legless, like a snake but, unlike snakes, it has eyelids. It burrows into loose soil and leaf litter in search of worms and beetles.

Reuse grawende skink

Die groot skink is pootloos, soos 'n slang, maar anders as 'n slang, het dit ooglede. Dit grawe in los grond en blaarafval op soek na wurms en kewers.

Isibankwa Esiyi-skink Esikhulu Esembayo

Asinamilenze njengenyoka kepha sona sinamajwabu emehlweni, inyoka engenawo. Siyemba singene emhlabathini othambile nasemfucuzeni yamacembe sifunana nezibungu namabhungane.

Uqebentula Omkhulu Owembayo

Akanamilenze, njengenyoka kodwa, ngokungafaniyo nenyoka, uneenkophe. Uvunduza emhlabeni othambileyo nenkukuma yamagqabi ukhangela imibungu nooqongqothwane.

Cape Girdled Lizard

Its spiny scales and tail protect this lizard from injury by the animals that hunt it. It lives on its own in narrow rock cracks.

Kaapse gordelakkedis

Die stekelrige skubbe en stert beskerm die akkedis teen diere wat hom wil vang. Hy leef op sy eie in nou rotsskeure.

Isibankwa Esimabhande SakwelaseKapa

Amazegece aso ahlabayo nomsila kuyasivikela ekulinya-zweni yizilwane ezisizingelayo. Sihlala sodwa emifantwini emincane yamadwala.

Urhoqotyeni

Amaxolo ahlabayo nomsila wakhe umkhusela ekonzakalisweni zizilwanyana ezimzingelayo. Uzihlalela kwiintunja ezincinane zamawa.

Giant Girdled Lizard

This lizard lives in colonies in grassland, where many long burrows, each home to just one lizard, make up a colony. It is also called a 'Sungazer' as it likes to bask on a termite nest, facing into the sun.

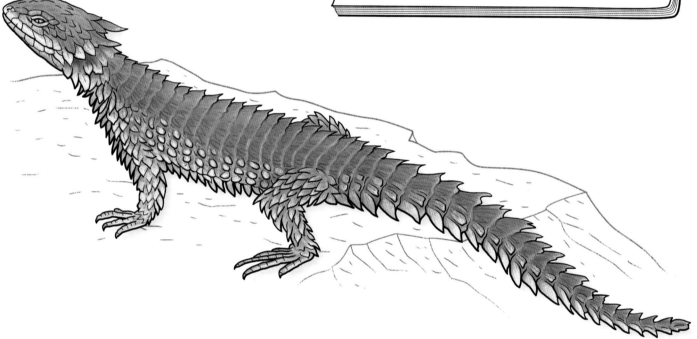

Reusegordel-akkedis

Dié akkedis leef in kolonies op grasvelde, waar talle lang tonnels, elkeen met net een akkedis, 'n kolonie vorm. Dit staan ook bekend as 'n 'Sonkyker', want dit lê graag met die gesig na die son toe op 'n termiethoop.

Isibankwa Esikhulu Esimabhande

Sihlala ngokuqoqana ezindaweni ezinotshani, lapho imigodi eminingi emide, umunye unesibankwa esisodwa vo, yenza khona iqoqo lazo. Lesi sibankwa sibuye saziwe ngothi singu Mabhekilanga' ngoba sithanda ukulethamela esidlekeni somuhlwa esibhekene nelanga.

Urhoqotyeni omkhulu

Uhlala phakathi kwamabutho engceni, apho imingxuma emininzi emide, ngamnye unecilikishe nje elinye, yenza ibutho. Eli cilikishe kukwathiwa 'nguGcakameli-langa' njengoko likuthanda ukuhlala esidulini seentubi sijonge ngaselangeni.

Broadley's Flat Lizard

Its very flat body allows this lizard to crawl beneath thin rock flakes. It is common in the Augrabies National Park.

Broadley se platakkedis

Die baie plat lyf stel dié akkedis in staat om onder dun rotsskilfers in te kruip. Dit is algemeen in die Augrabies Nasionale Park.

Isibankwa SikaBroadley Esiyisicaba

Umzimba waso oyisicaba kakhulu uvumela lesi sibankwa sihuquzele singene ngaphansi kwezicucwana zamadwala Sivamile e-Augrabies National Park.

Icilikishe Elithe tyaba lika-Broadley

Umzimba walo othe tyaba gqitha wenza eli cilikishe likwazi ukurhubuluza phantsi kwamacwecwe amatye. Lixhaphakile kuMyezo weziLwanyana wase-Augrabies.

Giant Plated lizard

This lizard lives in small groups in large rock cracks on granite koppies. It eats insects, flowers and berries.

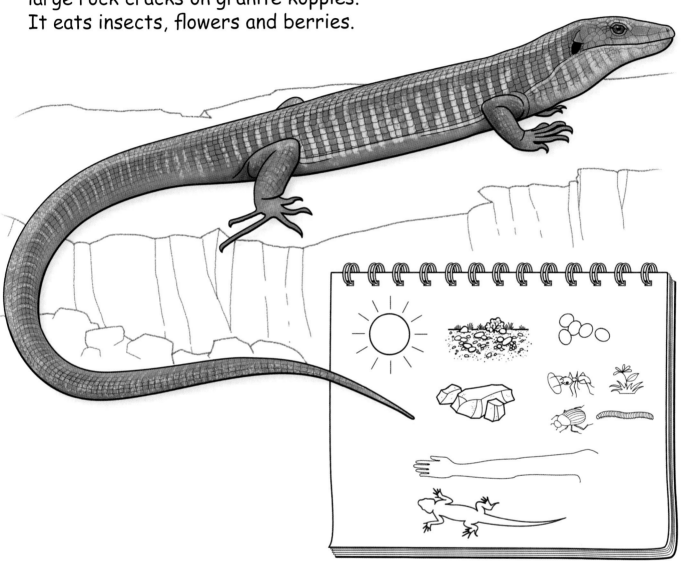

Reusepantser-akkedis

Dié akkedis leef in groepies in groot rotsskeure op granietkoppies. Dit eet insekte, blomme en bessies.

Isibankwa Esikhulu Esinokusamakhasi

Sihlala ngamaqoqo amancanyana emifantwini yamadwala amakhulu emagqunyaneni amahhadla. Sidla izinambuzane, izimbali nezithelo eziyizinhlamvu.

Icilikishe Elikhulu Elinamaxolo

Lihlala ngamaqela amancinane kwiintunja zamawa amakhulu kwiinduli zamatye enyengane. Litya izinambuzane, iintyatyambo namaqunube.

Angulate Tortoise

Males have a 'plough' at the front of the shell which is used in fights to turn other males onto their backs. The female lays a single large egg.

Ploegskaarskilpad

Mannetjies het 'n 'ploegskaar' vooraan die dop wat in gevegte gebruik word om ander mannetjies of hul rûe te keer. Die wyfie lê net een groot eier.

Ufudu Olunegeja

Ezeduna 'zinegeja' elingaphambili egobongweni elisetshenziswa ezimpini zokuketula ezinye zeduna. Olwensikazi lubekela iqanda elilodwa elikhulu.

Ufudo olunembombo

Iinkunzi zine-'khuba' ngaphambili eqokobheni ezilisebenzisayo xa zilwayo ukuze zoyise ezinye iinkunzi. Imazi izala iqanda elinye elikhulu.

Hinged Tortoise

The shell has a hinge at the back that closes to protect the feet. In females, the hinge opens wide when she lays her eggs.

Skarnierskilpad

Die dop het 'n skarnier agter wat toemaak om die voete te beskerm en by die wyfies wyd oopmaak wanneer sy eiers lê.

Ufudu Olunehinji

Igobongo linehinji elingemuva eliye livaleke ukuvikela izinyawo kepha kwezensikazi, livuleka kakhulu lapho lubekela amaqanda.

Ufudo Olunehenjisi

Iqokobhe linehenjisi ngasemva elithi livaleke ukukhusela iinyawo kodwa, kwiimazi, livuleka libe banzi xa lizala amaqanda alo.

Leopard Tortoise

This tortoise loves water and is often seen floating in dams. The eggs are hard-shelled and may take up to nine months to hatch. It is southern Africa's largest tortoise.

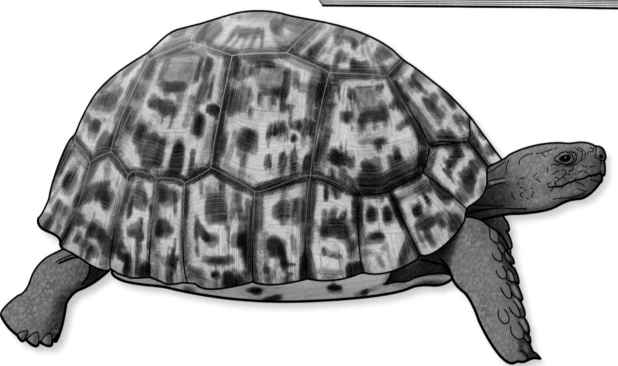

Bergskilpad

Dié skilpad is lief vir water en dryf dikwels op damme. Die eiers het harde doppe en neem tot nege maande om uit te broei. Dit is die grootste skilpad in Suider-Afrika.

Ufudu Lwengwe

Lolu fudu luyawathanda amanzi futhi luvame ukubonakala luntanta emadamini. Amaqanda alo anamagobongo aqinile futhi athatha izinyanga eziye zifike kweziyisishiyagalolunye ukuchamusela. Luwufudu olukhulu kunazo zonke e-Afrika eseNingizimu.

Ufudo olubuHlosi

Olu fudo luyawathanda amanzi yaye ludla ngokubonwa ludada emadamini. Amaqanda aneqokobhe eliqinileyo ibe athatha iinyanga ezisithoba ukuze aqanduselwe. Lolona fudo lukhulu kwiAfrika esemazantsi.

Geometric Tortoise

The Geometric Tortoise is named for its beautifully patterned shell. The females grow larger than the males. It is one of the world's most endangered tortoises.

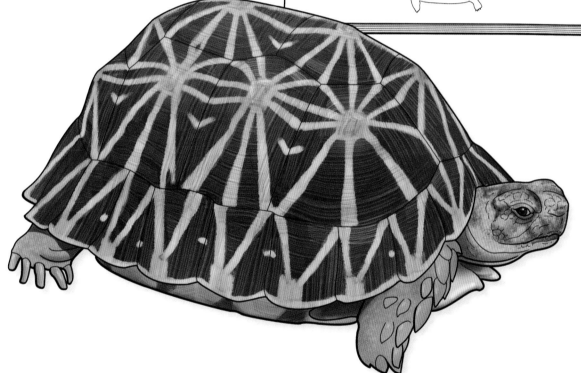

Suurpootjie

Die suurpootjie se dop het 'n pragtige patroon. Die wyfies word groter as die mannetjies. Dit is een van die wêreld se mees bedreigde skilpaaie.

Ufudu Olunamaphethini

Ufudu olunamaphethini ame ngendlela ethile lwethiwe igama ngenxa yegobongo lalo elinamaphethini amahle. Ezensikazi zikhula zibe zinkulu kunezeduna. Lungolunye lwezimfudu ezibekeke engozini kunazo zonke emhlabeni.

Ufudo lweJometri

UFudo lweJometri luthiywe ngolo hlobo ngenxa yeqokobhe lalo elineepatheni ezintle. Iimazi zikhula zibe nkulu ngakumbi kuneenkunzi. Lolunye loofudo abasengozini yokuphela ehlabathini.

Marsh Terrapin

This flat, thin-shelled terrapin lives in pans and vleis. When these dry up, it digs into soft mud and buries itself until the rains return.

Moeras-waterskilpad

'n Plat dundop-waterskilpad wat in panne en vleie leef. Wanneer die water opdroog, grawe hy hom in sagte modder in en bly daar tot dit weer reën.

Ufudu Lwasemaxhaphozini

I-terrapin eyisicaba, enegobongo elizacile ehlala emachitshaneni nasemaxhaphozini. Uma lezi zindawo zoma, iyemba odakeni oluthambile bese izemboza kuze kubuye izimvula.

Ufudo Lwamanzi Lwegxobho

Ufudo oluneqokobhe elisicaba nelicekethekileyo oluhlala emadamini nasemachibini. Xa esoma la madama namachibi, lomba edakeni olumanzi ze luzifihle apho de kubuye iimvula.

Hinged Terrapin

A hinge at the front of the shell closes to protect this terrapin's face. The hind-feet are webbed like a frog's. It can often be seen on riverbanks, basking in the sun.

Skarnier-waterskilpad

'n Skarnier vooraan die dop maak toe om die gesig te beskerm. Die agterpote is geweb soos 'n padda s'n. Dit lê dikwels op rivieroewers in die son en bak.

I-Terrapin Enehinji

Ihinji elingaphambili kwegobongo liyavaleka ukuvikela ubuso. Izinyawo zangemuva zinolwebu olunjengolwezamaxoxo. Luvame ukubonwa osebeni lomfula, lwethamele ilanga.

Ufudo lwamanzi olunehenjisi

Ihenjisi ngaphambili eqokobheni liyavaleka ukuze kukhuselwe ubuso. Iinyawo ezingasemva zinenwebu ngathi zezesele. Ludla ngokubonakala elunxwemeni lomlambo, lugcakamele ilanga.

Loggerhead Sea Turtle

Female turtles come ashore at night to lay their eggs on the beaches of northern KwaZulu-Natal. Their eggs look like soft ping-pong balls.

Karetseeskilpad

Karetseeskilpad-wyfies kom snags land toe om hul eiers op die strande van Noord-KwaZulu-Natal te lê. Die eiers lyk soos sagte tafeltennisballe.

Ufudu Lwasolwandle Oluyi-loggerhead

Izimfudu zensikazi ziza ogwini ebusuku zizobekela amaqanda azo emabhishi asenyakatho naKwaZulu-Natali. Lawa maqanda abukeka njengamabhola athambile e-ping-pong.

Ufudo lwaselwandle i-loggerhead

Iimazi ziza elunxwemeni ebusuku ze luzale amaqanda alo kumanxweme akumantla akwaZulu-Natal. La maqanda akhangeleka ngathi ziibhola ezithambileyo zentenetya yasetafileni.

Leatherback Sea Turtle

This turtle has a soft, rubbery shell. It eats only jellyfish, sometimes diving to a depth of over one kilometre to find them. It is the world's largest sea turtle.

Leerrugseeskilpad

Dié seeskilpad het 'n sagte rubberagtige dop. Dit eet net jellievisse en duik soms meer as 'n kilometer diep om hulle te vind. Dis die wêreld se grootste seeskilpad.

Ufudu Lwasolwandle Oluneqolo Elisasikhumba

Lolu fudu lwasemanzini lunegobongo elithambile, elisanjoloba. Ludla kuphela isilwane i-jellyfish, ngesinye isikhathi luye lutshuze lushone phansi ekujuleni okungaphezu kwekhilomitha ukuyo-sithola. Luwufudu lwasolwandle olukhulu kunazo zonke emhlabeni.

Ufudo lwaselwandle i-leatherback

Olu didi lofudo lwaselwandle luneqokobhe oluthambileyo, olubusikhumba. Lutya i-jellyfish kuphela, ngamanye amaxesha luntywile kubunzulu obungaphezu kwekhilomitha ukuze luzifumane. Lolona fudo lwaselwandle lukhulu ehlabathini.

Nile Crocodile

This is a giant, dangerous reptile that often grabs prey drinking at rivers. The mother carefully guards her eggs, and the babies after they hatch. The crocodiles' teeth remain visible, even when their jaws are closed.

Nylkrokodil

Dit is 'n reusagtige gevaarlike reptiel wat dikwels sy prooi gryp waar hulle by riviere drink. Die wyfie bewaak haar eiers, en die kleintjies nadat hulle uitgebroei het. Die krokodil se tande is sigbaar selfs wanneer die bek toe is.

Ingwenya YaseNile

Isilwane esihuquzelayo esikhulukazi, esiyingozi esivame ukugxavula ukudla esikubamba kuyophuza emanzini. Umama uwaqapha ngokucophelela amaqanda akhe kanye namachwane ngemuva kokuchamusela kwawo. Amazinyo ayo ayabonakala nalapho imihlathi ivaliwe.

INgwenya yomNayile

Isirhubuluzi esikhulu, esiyingozi esidla ngokuthi hlasi ixhoba elibanjiswe lisela emilanjeni. Umama uwagada ngenyameko amaqanda akhe nabantwana emva kokuqandusela. Amazinyo ayabonakala naxa imihlathi ivaliwe.

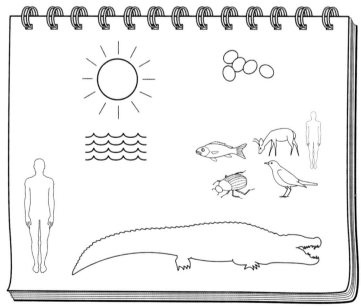

Authors and Illustrators

Errol Cuthbert is a keen amateur birder who conceived of this concept in an effort to encourage young children to take an interest in birds and nature in general.

Peter Apps is a wildlife author and award-winning scientist. He is the author of Wild Ways: A Field Guide to the Behaviour of Southern African Mammals, Creatures of Habit: Understanding African Animal Behaviour and Smithers' Mammals of Southern Africa as well as dozens of scientific and popular articles.

Bill Branch (1946-2018) was curator of Herpetology at Port Elizabeth's Bayworld. He was fascinated by snakes and reptiles and was committed to introducing others to these often-misunderstood animals. He authored many books, scientific papers and popular articles.

Jennifer Schaum is a Fine Arts graduate, an art educator and a freelance illustrator. Her passion is drawing from nature in the African environment and most of her illustration work, which combines freehand drawing and computer-generated effects, is focused around education.

Sally MacLarty, a Fine Arts graduate, has worked as a freelance illustrator for the past 20 years, specialising in natural history and education. She has contributed artwork to more than 120 publications.